U0836257

美育教程

MEI YU JIAO CHENG

主　编：柴天禄
副主编：李河水　张艳红
　　　　郭玉珍　张　燕

山西出版传媒集团
山西经济出版社

图书在版编目(CIP)数据

美育教程 / 柴天禄主编. -- 太原: 山西经济出版社,2016.1

ISBN 978-7-80767-988-2

Ⅰ. ①美… Ⅱ. ①柴… Ⅲ. ①美育—教材 Ⅳ. ①G40-014

中国版本图书馆 CIP 数据核字(2016)第 013514 号

美育教程

主　　编：柴天禄
出 版 人：孙志勇
责任编辑：曹恒轩
装帧设计：张艳红

出 版 者：山西出版传媒集团·山西经济出版社
地　　址：山西省太原市建设南路 21 号
邮　　编：030012
电　　话：0351-4922133(市场部)
　　　　　0351-4922085(总编室)
E - mail：scb@sxjjcb.com(市场部)
　　　　　zbs@sxjjcb.com(总编室)
网　　址：www.sxjjcb.com

经 销 者：山西出版传媒集团·山西经济出版社
承 印 者：太原市长江孚来印刷制版有限公司

开　　本：787mm × 1092mm　1/16
印　　张：13.75　彩页：1
字　　数：195 千字
印　　数：1—6000 册
版　　次：2016 年 1 月　第 1 版
印　　次：2016 年 1 月　第 1 次印刷
书　　号：ISBN 978-7-80767-988-2
定　　价：32.00 元

照亮人生的美之光

美育是审美教育的简称，是素质教育的重要组成部分。美育以美学理论为中心内容，实施审美理想、审美情趣和审美素养的教育，旨在培育具有审美感受能力、审美鉴别能力、审美欣赏能力和审美创造能力的一代新人。《中国教育改革和发展纲要》指出："美育对于培养学生的审美观念和审美能力，陶冶高尚的道德情操，培养全面发展的人才，具有重要作用。"2015 年 9 月，国务院办公厅下发《关于全面加强和改进学校美育工作的意见》指出："2015 年起全面加强和改进学校美育工作，到 2018 年，取得突破性进展，美育资源配置逐步优化，管理机制进一步完善，各级各类学校开齐开足美育课程；到 2020 年，初步形成大中小幼美育相互衔接、课堂教学和课外活动相互结合、普及教育与专业教育相互促进、学校美育和社会家庭美育相互联系的具有中国特色的现代化美育体系。"

美育的任务在于鼓舞人们去爱美、欣赏美、追求美，使人充满对生活的信心和希望。美育作为一种爱的教育，能培养学生自爱与爱他，以及爱学校、爱社会、爱祖国、爱人类、爱和平、爱生活的情感态度，在爱的体验中获得审美的共鸣和喜悦，从而建立起一种人与人、人与社会、人与自然之间的和谐关系，进而把社会主义核心价值观根植于心灵、体现于行动。通过审美教育，不仅能培养和提高学生对美的感受力、欣赏力和创造力，而且能美化人自身，树立美的理想，发展美的品格，培育美的情操，形成美的人格。

美是一个国家国民素质的名片。美育不是单纯的美术教育或艺术教育，而是情感、道德、才华的文明化教育，它全方位渗透在德育、智育、体育和劳动教育的全过程之中。

美育倡导人格美和心灵美，是德育的升华。德育对学生进行思想道德教育，其目的是逐步培养学生正确的世界观、人生观、价值观。这“三观”的形成不仅需要政治理论、道德知识和道德行为的教育，更需要道德美的教育。也就是说，既要教育学生怎样做人，做什么样的人，又要教育学生为什么要做这样的人和做什么样的人才是美。学生只有认识到具有崇高思想境界和高尚道德情操的人格美，才会激发自己的美感，更加深刻全面地理解科学世界观、人生观、价值观的含义，从而逐步形成自己的人生特性和优美人格，这正是德育的升华。“砍头不要紧，只要主义真”，展示了战争年代革命烈士夏明翰大义凛然的人生观；“把有限的生命投入到无限的为人民服务之中去”，体现着社会主义建设时代雷锋高尚的世界观；“祖国在我心中，祖国利益高于一切”，透视出新时期李向群崇高的价值观。他们的世界观、人生观、价值观无不闪耀着爱国、敬业、诚信、友善的魅力。

美育培养人们鉴别美、欣赏美的能力，是智育的升华。知识的宝库也是美的宝藏，人们对美的认识随求知的过程而增加，对美的感受随知识的积累而深刻，鉴别美、欣赏美的能力也会随知识的丰富而不断提高。这就是说，美育必须以一定的科学文化知识为基础，如果没有较为丰富的自然科学知识和社会科学知识，就谈不上审美或鉴赏美，更谈不上审美能力的培养和鉴赏水平的提高。例如，不熟悉历史背景和艺术家的生活、思想、创作意图及有关绘画的知识，就不可能欣赏达·芬奇的《最后的晚餐》；不懂得音乐和乐理的一般知识，就不可能体会《国际歌》的雄壮和《天鹅湖》的优美；没有一定的数学基础，就不可能欣赏数学中数与形的结合美、等式的恒等变形美、几何图形的对称美等；没有一定的文学功底，就无法从杜甫“会当凌绝顶，一览众山小”的诗句中领略到东岳泰山的雄伟气概。智育的升华必然会促使学生为建设自由、平等、公正、法治的美好社会而奋斗。

美育讲求体形美、造型美和运动美，是体育的升华。体育不仅可以使人健体，同时还蕴藏着丰富的美的内涵，如体形美、艺术美等。真正意义上的体育是强健体魄、文明精神、创造艺术的统一，简单地说，是健与美的结合，健是美的表现形式，美是健的实质内容。享誉全球的美国职业篮球明星乔丹，不仅是以精湛的球技博得全球亿万观众的喝彩，更重要的是以他健美的体魄和绝妙的球艺倾倒了全球亿万观众。他之所以能轰动世界，是因为他将健与美融合在篮球运动中，达到了出神入化的境地，升华了篮球运动。

体验美和创造美是美育的出发点和落脚点，也是劳动教育的升华。劳动是创造人类美好生活的源泉，人们通过劳动创造了丰富的物质财富和精神财富，其中，精神财富包括人们对劳动美的体验，如劳动过程美的体验，劳动创造美的体验，劳动成果美的体验，劳动产品艺术美的体验等。这种对精神财富的创造和体验，正是劳动教育的精华。把美育寓于劳动教育之中，让学生正确认识劳动的意义，在劳动过程中发现美，在劳动创造中体验美，在劳动成果中分享美，便能使劳动教育转化为学生为建设富强、民主、文明、和谐的社会主义祖国而努力的实际行动。

综上所述，美育是素质教育的重要组成部分，又是素质教育的升华。正如我国教育家蔡元培先生所说：“凡是学校所有的课程，都没有与美育无关的。”通过美育，培养学生正确的审美观念和审美意识，教给学生科学的审美方法和塑美方式，激励学生主动地去认识美、鉴赏美、体验美和创造美，是实施素质教育的客观要求，也是教育工作者义不容辞的责任。

审美教育是照亮人生的美之光，审美素质是新时代人才的必备素质。我们已经进入充满希望的21世纪，在这五彩缤纷的世界里，倘若把美的光华抽去，一切都会变得黯然失色。我们的祖先在劳动和实践中创造了中华民族的壮美历史，革命先烈抛头颅、洒热血奠定了今天美好生活的坚实基础，改革开放和现代化建设“三步走”的战略决策已逐步成为现实，中共十八大报告为我们描绘了伟大祖国灿烂明天的美好蓝图。我们应当立足现实，展望未来，在建设新世纪的征途中，勇挑承前启后的重任，自觉培育和践行社会主义核心价值观，培养鉴赏美、创造美的能力，按照美的规律建设美丽中国，为实现中华民族伟大复兴的中国梦，为开创祖国更加美好的未来贡献全部的光和热!

作　者

2015年10月

目 录

第一章　美的本质和类型

美，多么令人神往！美的天使为人类塑造着纯洁无瑕的心灵之美、健壮匀称的形体之美、精彩高雅的艺术之美、和谐怡人的生活之美……每个人都接触美，都需要美。那么，什么是美呢?它是怎样产生和发展的?其本质和类型怎样?这是审美教育首先需要说明的问题。

第一节　美学与审美

一、美和美学

关于什么是美，古今中外诸多名家都曾做了大量研究与探索。我国古代思想家孔子提出“里仁为美”的思想，意思是说与有仁德的人在一起才算善人、好人。孟子在美的观点上提出了“充实之谓美”的观点，意思是说有了仁、义、礼、智等品德，才谓之“充实”，“使之不虚，是为美人，美德之人也”。在西方，古希腊哲学家柏拉图认为“美是理念”，意思是说美是纯粹的理性观念，带有客观唯心主义的色彩。古希腊的亚里士多德提出“美在形式”，认为“美在于体积大小和秩序”。古代思想家这些思想成果对于我们科学地回答“什么是美”这一问题具有重要的借鉴意义。

马克思主义的创立，揭示了自然界、人类社会和思维发展的一般规律，为美的研究提供了科学的世界观和方法论。概括地讲，美具有两方面的含义：其一，美是指客观事物本身所具有的某种属性。美是物质的美，物质是美的物质。美存在于客观事物中，不以人的意志为转移。其二，美是指人们对客观事物美之属性的认识和反映。客观事物美的内涵只有在人们认识的基础上产生美感进而形成审美意识，才会被揭示出来。美感是人们对美的反映，没有客观事物的美就不会引发人们的美感，凡是美的事物都可以被人感知。例如，旭日东升、流星坠落、巨流急瀑、名胜古迹等自然形态的美，抗洪抢险、扶贫攻坚、实施“希望工程”、发展市场经济等社会现象的美，都能唤起人们对美好生活的遐思与向往，诱发人们的美感。由此可知，所谓美是指客观事物所具有的足以唤起人们美感的特征或形象。

美的思想产生与形成虽然很早，可是美学作为一门独立的学科却是近代的事，它是近代自然科学和社会科学综合发展的产物。近代德国著名哲学家鲍姆嘉通（1714 年—1762 年）被尊称为“美学之父”，他在 1735 年第一次使用了“美学”这个术语。1750 年他撰写《美学》专著，标志着美学作为一门新兴学科出现。这门学科最初只是从认识论的角度来分析问题，属于哲学体系的一个组成部分，但又有别于哲学、逻辑学、文艺学。鲍姆嘉通认为，人的心理活动包括知、情、意三个方面，应该相应地有三门学科来加以研究。研究“知”的学科是逻辑学，研究“意”的学科是伦理学，研究“情”的学科则是美学。随着历史的发展，经过康德、黑格尔、车尔尼雪夫斯基等美学家的努力，美学研究又进一步走向深入，美学这门学科也逐渐获得了严密的理论形态。

革命导师马克思在《1844 年经济学哲学手稿》中，提出了“自然的人化”“人的本质力量对象化”“劳动创造了人”“人也按照美的规律来塑造物体”等重要问题，从而阐明了美学作为一种意识形态既决定于社会实践又反作用于社会实践的科学论断。马克思主义美学不仅指引人们按照美的规律认识和改造客观世界，而且要求按照美的规律认识和改造主观世界，这是对传统美学思想的重大发展，标志着美学发展的新阶段。

美学作为一门独立的学科，具有自己特殊的研究对象。但由于人们所处的时代不同，对美学研究对象所持的观点也不一样。中国古代思想家曾把“美”与“善”“利”联系或等同起来；鲍姆嘉通认为，美学对象是“感性认识的完善”；黑格尔公开声称，美学的研究对象是“艺术哲学”。时至今日，学术界关于美学研究对象的看法也仍不一致，有的认为“美学就是艺术观，是关于艺术的一般理论”，有的认为美学除了研究艺术中的美与丑外，还要研究生活中的美与丑，并且以后者为主要对象……结合人们的审美实践并对不同派别的观点加以总结，我们认为，美学的研究对象主要包括以下三个方面：①客观美。客观世界包括自然界和人类社会，是无比丰富复杂的，不仅存在着各种各样的事物和现象，而且每种事物都有好的一面，也有坏的一面，有美的一面，也有丑的一面。美学研究客观美，主要是指研究美的本质、特征、内容、形式、形态、范畴等。②审美的主体意识。美不仅在物，也在人，没有人对美的感知，也就没有美，更谈不上美的创造。对同一审美对象，不同的人会有不同的感受，这是主体意识在审美中的作用。美学研究审美的主体意识主要指研究美感的本质、美感产生和发展的一般规律、美感的心理要素、审美标准等基本问题。③美的创造。人类不仅要认识世界，更重要的是遵循美的规律改造世界，使世界变得更加美好。因此，美的创造是美学研究中的一个极为重要的领域。美的创造的天地十分广阔，它不仅包括艺术美的创造，而且还包括现实美的创造，如绿化环境，美化居室，优化劳动产品质量等等。

综上所述，美学是研究美以及人们对美的感受和创造规律的科学。

二、审美

审美是指人们运用科学的思维方法和正确的行为方式，去审视、认识和领会客观事物及一切艺术的美。

美存在于客观世界，客观存在着的美的事物 (包括艺术) 构成人们的审美对象，即审美的客体，参与审美实践活动的人则是审美的主体。因此，审美的过程就是审美主体对审美客体的认识和感受的过程。审美具有以下两个特点：

1.审美的客观性

审美主体首先要接受审美对象的刺激，通过感官感觉音乐、绘画、雕刻、造型、线条、形状等，从而引起美的冲动，产生美的印象。感觉是人们认识事物的基础，没有对外界的感知、印象和反映，任何美和美感都不会产生。美存在于客观世界，来源于客观世界。这就要求审美主体必须充分认识客观世界美的规律性和本质，只有这样才能认识美，感受美，创造美。这就是美的实践第一的观点，也是马克思主义唯物论的观点。

2.审美的主观性

美存在于客观世界且不以人的意志为转移，但不同的人对同一事物、同一审美对象会有不同的感受和评价。这是因为审美心理活动要受诸多因素制约。首先，受审美者阶级立场的制约。不同的阶级会有不同的审美标准。其次，受文化素质的影响。文化素质不同，审美标准和审美层次也会不同。再次，审美者还要受审美情趣和心境的影响。审美情趣和心境不同，对同一审美对象所形成的审美知觉也不一样。情趣浓厚，心情舒畅，感觉敏锐，往往容易形成审美知觉的完整形象，从而引起美的冲动；情绪低落，心境抑郁，感受能力迟钝，就不容易形成审美知觉的形象；心境愁闷，则可能失去审美的趣味。马克思说过，忧心忡忡的穷人甚至对最美丽的景色都无动于衷。除此之外，审美还要受历史的、民族的因素制约。总之，审美是审美主体的各要素同客观世界美的种种联系，这些因素共同影响着审美主体的审美活动。由此可见，审美活动是主观和客观的辩证统一，审美主体和客体的关系是反映和被反映的关系。

三、审美教育的意义

审美教育简称美育，是国家教育体系的重要组成部分。开展审美教育对于培养德、智、体、美、劳全面发展的新时代人才肩负起21世纪振兴中华的历史使命，具有重要的现实意义。

1.美育是进行理想教育的有效形式

人的理想，是在现实基础上通过思维想象创造出来的一种意识形式。它在理论上是概念，在道德上是信仰、观念，在政治上是方案、纲领，在社会生活及艺术中，具有可感受的形象。从教育角度看，理想和信念总是要通过各种渠道和方法进行灌输的，对中专学生进行理想教育、道德品质教育、政治思想教育时，仅仅采取政治的、道德的、理论的方法显然是不够的。进行美感教育可以避免思想政治教育的枯燥、生硬，还可以弥补中专学生理论修养不高、文化素养及社会知识的不足。如果把深奥的理论概念、抽象的道德说教融化到具体的、可感的审美对象之中，不仅能引起受教育者的兴趣，激发情感的自由活动，而且能提高学生的整体素质，激发学生对美的追求和对美好生活的向往，起到美潜移默化、深入心灵的作用。

2.美育是社会主义精神文明建设的重要方面

社会主义精神文明建设包括思想道德建设和文化建设两个方面，美育既是社会主义文化建设的一部分，也是思想建设中不可缺少的内容。事实上，人类社会发展到今天，审美已经成为每一个文明人和文明民族生活中不可缺少的重要组成部分，谁能说在社会的物质生产和精神生活中不存在美的价值呢?可以说社会愈是向前发展，社会的物质文明和精神文明程度愈高，美学和美育对于整个社会的发展就会显示出愈加广泛的作用和深远影响。特别是在社会主义社会中，美育的本质和审美标准发生了根本性变化，要求人们有更高的审美意识和鉴赏能力。因此，在社会主义制度下，必须利用一切可能的方法和途径，利用一切生动丰富的审美对象，进行广泛的社会性审美教育。尤其对青少年学生进行审美教育，已经成为社会主义精神文明建设不可缺少的重要内容。我们应该充分认识社会主义美育的重要性和可能性，提高和加强中专学生审美的自觉性和积极性，推动美育在新的广度和深度上进一步发展。

3.社会主义核心价值观是审美教育的重要指南

富强、民主、文明、和谐，

自由、平等、公正、法治，

爱国、敬业、诚信、友善。

以上 24 个字是社会主义核心价值观的主要内容。2012 年 11 月中共十八大报告中提出的“三个倡导”是社会主义核心价值观的最新表述：倡导富强、民主、文明、和谐，倡导自由、平等、公正、法治，倡导爱国、敬业、诚信、友善，积极培育和践行社会主义核心价值观。

党中央提出社会主义核心价值观，就是为全国人民确立了道德标准和行为准则。学校应该以此严格要求学生自觉自愿以自己的实际行动去为祖国和人民多做贡献，坚定信仰，树立社会主义的人生观、价值观、宇宙观、世界观，努力学习，勤奋工作，争取早日成为一个对国家、对人民、对集体、对社会有用的人。学生们也应自觉以社会主义核心价值观为指导，去追求美、欣赏美、创造美，让美育成为全社会的风尚。

4.加强审美教育是培养新时代社会主义建设人才的需要

美育是人们认识世界并按照美的规律改造世界、改造自身的重要手段。进行社会主义现代化建设，关键是要培养一批具有社会主义觉悟的、德才兼备的新时代人才。美育与德育、智育、体育有着十分密切的联系，德育以理服人，智育以智启人，体育以运动健体，美育则是以形感人、以情动人，使人达到身心健康的目的。审美教育通过具体可感的形象起着陶冶情操、怡情养性、净化心灵的作用。其中，情感教育是美育的核心，情感既受理性的调节，又可转化为意志。这种情感与理性的和谐统一，可以使人的精神境界得到进一步升华，成为改造物质世界的巨大精神力量，对于推动21世纪的现代化建设进程具有十分重要的意义。

第二节　美的本质

一、美的产生和发展

“美”在汉语言文字中属于会意字，有两种说法：一是“羊大为美”，这与人类最早养羊的生产劳动有关；另一种是“羊人为美”，像是一个人头上戴着羊角状，据说这是人类为伺机猎捕野兽而混迹于兽群，仍与劳动有关。这说明，美不仅是客观物质世界长期发展的产物，而且是人类逐渐认识世界和改造世界的结果，美产生于人类改造自然、改造社会的劳动实践中，正如马克思所说，“劳动创造了美”。

在原始社会的早期，人类以狩猎为生。当原始人经过艰苦劳动猎获禽兽时会感到愉快和自豪。他们得以食肉充饥，用兽皮遮身，用各种鸟兽毛皮装饰器物，这是人类祖先朦胧的审美观念。装饰品的色彩和线条，被原始人看作是美的东西，因而具有了美的价值，成为美的象征。

随着生活实践的发展，原始人逐渐发现，许多植物的根、茎、叶和果实也可以作为食物，用植物的叶、皮遮体时，其造型和色彩比动物的皮毛更为绚丽多彩。原始社会从狩猎阶段向农牧业阶段过渡中，不但使人类有了比较稳定的衣食来源，同时也扩大了人类美的视野。

当电闪雷击、火山爆发等自然火源威胁着人类生命和人类生存环境时，火对于原始人来说不但不是一种美，反而是非常可怕的“怪物”。但是原始人慢慢地发现和体会到：烤焦的动物和烧熟的植物比生的动植物吃起来更香甜味美，火还可以驱赶猛兽、取暖照明，这使得原始人从怕火到用火，从以火为祸到保护火种，以至掌握钻木取火的本领，火逐渐成为原始人喜爱和赞美的对象。

制造和使用工具使人和动物的进化走上不同道路。人类劳动工具和生活用具的变化过程也是美的产生和演化的过程。最初，原始人使用的石器是极为粗糙的原始形态。后来，原始人打猎时发现，用球形的石块投掷时更容易准确击中目标，因而圆的造型便成为美的对象。从山西许家窑人的遗址中挖掘出的旧石器时代的大量石球，就能证明这一点。原始人在劳动中还体验到，用尖状而锋利的石器打猎和分割食物效果更好，于是光滑、匀称、点、线、面等物体形象成为美的特征。山东大汶口出土的新石器时代晚期的“玉斧”，造型规整匀称，色彩莹润，在五千年前能生产这样的工具，可谓美的创造和杰作。考古发掘还证明，原始人在新石器时代就可以制作造型和纹饰都很优美的彩陶盆等生活用具，彩陶的图案大都直接反映人们所喜爱的自然形象，如鱼、鸟、花、果等，这标志着人类的审美观念有了长足的发展。

原始人在劳动中创造财富的同时，也追求和创造着精神上的愉快。鲁迅先生对此曾有过形象的论述，他说，我们祖先抬木头，大家都觉得很吃力，谁也想不到怎样省力，突然有一个人发出“嗨哟嗨哟”的声音，于是大家都跟着喊起来，这个创作不仅使原始人劳动的步调一致，减轻了劳动强度，更使原始人精神上得到愉悦，这种愉悦的情感在劳动之后还想继续体验一下，便产生了音乐和舞蹈。

总之，美的产生和发展过程，既是物的发展过程，也是人的发展过程，人和物在实践中相互影响，相互作用。正确理解美与审美过程中这种主体和客体的辩证关系，是探索美的产生根源和发展的一把钥匙。

二、美的本质

关于美的本质，古今中外的许多哲学家、美学家都曾有过不同程度的探讨，具有代表性的看法大致有以下三类：①主观的美说。它把美作为主观的感受，认为美不在物，而在心、在精神，审美对象本身无所谓美与不美的问题。中国古代思想家王阳明曾说，“美在吾心中”，意大利的克罗齐说“美是直觉”。总之，他们都把美说成是“属于人心的活动”，“属于心灵的力量”，显然是唯心主义的。②客观的美说。它把美作为不依赖于人的客观对象，认为美在物本身，美的本质在于自然物质的形状、色彩、线条的一定比例与和谐统一，不以人的意志为转移。客观的美说坚持美在自然和社会本身，这是符合审美活动实际的。但是，在说明美的对象的“比例”“和谐”“对称”上却遇到了难题。比如，丑的动物的肢体也是对称和谐的。“黄金分割律”——长与宽之比（8:5）被看成是最美的比例，假若一个艺术博物馆里全是这种比例的物品，反而使人觉得不美。同是梅花，既有“已是悬崖百丈冰，犹有花枝俏”那样的欢乐，又有“已是黄昏独自愁，更著风和雨”那样的愁苦。显然，把美等同于事物的某种自然属性，否定美的社会内容和人的审美作用，最终将无法解释大量美的现象。③主客观关系的美说。它认为美既不在物，又不在心，而在心与物之间。现实事物必须先有产生美的客观条件，然后与人的意识等主观因素结合才能产生美。例如，一朵花，只是美的条件，它本身没有美，只有和人的主观意识相结合，变成“物的形象”才有美。这种观点实际上是用美感、观念代替了美，用主观意识代替了客观存在，无法科学地说明美的本质。总之，这三种观点都只是揭示了美的某一方面的属性或现象，如果把它看作是美的本质，那就以偏概全了。

马克思主义认为，美产生于人类能动地改造世界的实践中，是在实践基础上的主客观统一（交互作用）的产物。美的本质是指人类实践对客观世界的改造，是人的本质力量在对象上的感性显现。也就是说，美以直观的形式反映着人类的创造，成为揭示人的本质力量的感性表现。

理解马克思主义关于美的本质的论述，关键是要弄清什么是人的本质力量，为什么体现人的本质力量的感性形象就是美等问题。人的本质力量，是指人类区别于动物的那种自觉的有意识的创造性的活动能力。人类的生产是自由的有意识的活动，在劳动之前已意识到为什么要劳动，以及劳动所要产生的结果。人的劳动不仅可以引起自然物的某种形态变化，还会在自然物中实现其目的。例如，木匠做桌子，一方面是为了满足人们的物质需要，具有使用价值；另一方面，桌子本身也能反映出木匠的才能、智慧和手艺。这种凝聚着人的意志和智慧的产品，必然引起人的愉悦，成为审美对象，使人产生美感。所以说，美是在实践基础上产生的，是人的本质力量在对象上的感性显现，美的本质和人的本质、社会的本质是一致的。人的实践活动是社会的、历史的、具体的，因而美也是社会的、历史的、具体的，不同的社会和时代，美的创造呈现出种种不同的状况。

三、美与真、善的关系

真、善、美是既相联系又相区别的，归纳起来，它们的关系表现在以下三个方面：

第一，真和善是美的基础，美必须具有真和善的品质。

第二，真，是科学认识的对象；善，是伦理判断的对象；美，是审美活动和情感把握的对象。真和善并不一定就是美。因为美不是客观规律本身，客观规律可以离开人的实践而独立存在，美却不能离开人的实践，不能离开审美主体的功利目的和生动形象。善是意志活动 (目的、功利) 的对象，而美是认识和观赏的对象，能唤起情感的愉悦。

具有真和善品质的感性形象表现为美。也就是说，只有当人掌握了客观世界的规律（也就是真），并把它运用到实践中去，达到改造客观世界的目的，实现了善，并且表现为生动的形象，才可能有美存在。

第三，人类审美活动的实践，应当是真、善、美的统一。

第三节　美的类型

美的本质存在于各种具体的审美对象中，具有丰富的、生动的形态。人们所接触到的美是多种多样的。根据对美的本质的理解和对美的形态的认识，一方面可按它们的不同性质分为现实美（社会美、自然美）和艺术美，另一方面又可按它们的不同状态、面貌和特征，分为优美与崇高、悲剧与喜剧（滑稽）。美的形态的这两个方面彼此渗透和相互交错，便呈现出多种多样的美的现象。

一、自然美

1.什么是自然美

我们生活在美丽的大自然的怀抱中，大自然的美是极其多样的：千里冰封、万里雪飘的北国风光；山清水秀、柳浪闻莺的江南景色；挺拔的泰山、险峻的华山；滚滚的长江、滔滔的黄河；闪光的珍珠、灿灿的黄金；朦胧的月色、婆娑的树影……这些都属自然之美，它令人神往，令人陶醉。所谓自然美是指以自然物为对象的美，是自然物所具有的足以唤起人们美感的某种属性。自然美是在人与自然的联系中产生的，是人对自然的某种属性的反映，没有人就不会有反映，也谈不上自然美，从这个意义上讲，自然美也是劳动创造的。

2.自然美的特点

（1）自然性。自然美具有许多不以人们意志为转移的自然特征。例如，梅花有梅花的风韵，玫瑰有玫瑰的丽质，二者不能互相代替，它们的特征是大自然的“恩惠”，而不是随心所欲。因此，自然美这种不以人的意志为转移的自然性是客观存在的。自然美的自然性虽然是客观的，但并不意味着可以离开人、离开社会谈自然美，因为对它的认识离不开人类的社会实践过程。只有具有主观能动性的人才能揭示自然美的这一特点。

⑵ 形式的独立性。任何事物都是形式和内容的统一。然而，人们在判断一种自然事物美不美时，往往要先看其形式，对内容的考察则摆到次要的位置。比如，千姿百态、翩翩起舞的蝴蝶常常被画家、诗人描绘和咏叹，是因为它的形状、色彩、飞舞的姿态给人以美感，这些正是蝴蝶的形式。其实，蝴蝶是农作物的害虫。又如，面对一片郁郁葱葱的森林，人们不一定会立即想到它的实在内容——可供生产木材，但“哗哗”作响的树叶，高耸入云的树干，却会把人们的思想带到美妙的世界中去，给人以美的享受。

自然美侧重于形式，并不是说它与内容无关，内容对形式的影响很大。例如，人们都讨厌老鼠，因为它糟蹋食物，传染疾病，危害人类。其实老鼠的外观并不一定比其他动物丑陋，关键在于其内容影响了人们对形式的欣赏。

⑶ 不确定性与可变性。自然界的事物有多种属性，从不同的角度看待这些属性，使人们对自然美的认识变得复杂化。以螃蟹为例：唐朝文学家皮日休言之为“未游沧海早知名，有骨还从肉上生。莫道天心畏雷电，海龙王处也横行”，螃蟹成为不畏艰难险阻的勇士形象；而在齐白石的笔下，螃蟹的形象就不可贵了。日本侵华时，齐白石画了一只螃蟹，题曰：看你横行几时。日本投降时，他又画了两只死螃蟹，题曰：为何不行。这两幅漫画都把横行霸道的日本人比喻为螃蟹。同是螃蟹既可以成为美的形象，也可以成为丑的形象，这正表现了自然美的不确定性和可变性。

⑷ 多样性。自然物的美学性质是多方面的，不同的人从不同角度或同一个人在不同时间欣赏某一自然物，会得出不同的结论。如梅花的美不是千篇一律，而是多种多样的。有的人看它典雅、华贵；有的人看它朴素、秀丽；有的人把它与自己的生命类比，顾影自怜；有的人歌颂它傲霜斗寒。自然美的多样性，取决于人类社会生活的复杂性和多样性，同时也

离不开自然物所特有的自然性，如梅花花少，花形小巧玲珑，冬季开花，枝干奇特，显得风骨铮铮。这种自然性与不同气质、不同心境的人相联系，美的韵味便五彩缤纷。

(5) 象征性、寓意性。象征性和寓意性是人们在生活中借用自然物表达特定思想感情、意境或抽象概念和理论时产生的一种审美特征。象征的形象与被象征的内容之间一般没有什么内在的必然联系，二者之间凭借人的想象产生一种可以被人理解的关系。例如，人们常常用青松象征高尚、伟大的英雄形象，影视作品中用滔滔大海的壮丽之美表现革命事业的蓬勃发展，用雷电交加的磅礴之势表现惊天动地的事件发生，用洒满阳光的锦绣山河象征人民生活幸福美满等等。

自然现象是千变万化的，它的象征、寓意性也随其变化而显得丰富多彩。例如，人们往往用不同的自然美代表、象征不同的民族。长江、黄河象征伟大的中华民族，富士山代表着日本民族。在多民族的国家里，不同的自然物也常常象征不同的民族：雄鹰和格桑花是勇敢善良的藏族人民的象征；草原和骏马是英勇善战的蒙古族人民的象征；澜沧江和孔雀象征着傣族人民；长白山和松花江象征着朝鲜族人民。这种约定俗成的象征意义，是不同民族在不同的生活条件下形成的，是不同生活条件和情趣的生动表现。自然美的这种象征性在社会生活中的表现是极为丰富的。

3.自然美的审美价值

(1) 欣赏自然美可以使人心旷神怡，得到充分的休息。人们热爱大自然，不仅因为大自然供给人类生存空间和生活资料，而且是人类精神生活的背景和源泉。人们到生机勃勃、风光旖旎的大自然中去欣赏自然美，会顿觉宁静舒展，遐想联翩。在尽情欣赏中得到小憩，从而调节生活，焕发精神，促进工作与学习。

(2) 欣赏自然美可以陶冶情操，提高文化素养。自然美虽然以形式取胜，但也包含着“人化”的内容，能反映特定的精神品质，给人以心灵的陶冶。杰出的女革命家何香凝非常爱画狮虎图，以示中华民族应如睡狮之觉醒，犹猛虎之雄伟。她的名作《高松图》，把竹、松、梅、幽兰巧妙地画在一起，这些自然美的“人化”内容，是何香凝的革命意志、高尚情操和崇高气节的象征。正如陈毅同志在《高松图》上所写的那样：

高松立海隅，梅菊为之护。

幽兰亦间出，清泉石中漱。

绿竹更悠然，岁寒挺如故。

……

绘画如其人，方向毫不误。

欣赏自然美能提高人的文化修养，增强意志力。如东岳泰山的不同高度上分别凿有耐人寻味的题刻：在山根红门处题刻“登山必自”，鼓励人们充满信心，依靠自己的力量攀登十八盘道。到了南天门，石壁上刻有“果然似我”，使人觉得依靠自己的力量经过陡似云梯的十八盘，终于登上了南天门，一种把泰山踩在脚下的豪气油然而生。到了岱顶，刻有“山高人更高”，显示了人具有征服自然的能力。

(3) 欣赏自然美可以激发人们热爱社会主义祖国的崇高情感。祖国是一个广泛而具体的概念，祖国的自然美是激发人们热爱祖国的重要因素。方志敏在《可爱的中国》中深情地写道：“朋友，中国是生育我们的母亲。……中国许多有名的崇山大岭，长江巨河以及大小湖泊，岂不象征着我们母亲坚实的肥肤上之健美的肉纹和肉窝?……其实中国是无地不美，到处皆景，城市乡村，山水丘壑，只要稍加修饰和培植，都可以成为流连难舍的胜景，这好像我们的母亲，她是一个天姿玉质的美人，她的身体的每一部分，都有令人爱慕之美。”社会主义社会为改造自然开辟了广阔的前景，越来越多自然美的物质都烙上了社会主义制度优越性的印记。方志敏预言的“我们的民族就可以无愧色地立在人类的面前，而生育我们的母亲，也会最美丽地装饰起来”的景象终于呈现在我们面前了：纵贯南北的京九铁路，横断长江的三峡工程，光彩夺目的东方明珠，匠心独运的昆明世界园艺博览园，还有众多修葺一新的名胜古迹、自然保护区，都将祖国母亲装扮得更加娇艳。人们置身于这种经过改造的美的环境之中，会更加热爱我们的社会，热爱我们伟大的祖国。

二、社会美

1.什么是社会美

所谓社会美就是社会生活中的美，那些符合社会发展规律的、有助于人类进步的、同人类先进思想联系的社会事物构成社会美的内容。社会是由人组成的，社会中的一切事情都由人去参与，由人去完成，人是社会的核心，所以社会美的实质是人的美，是人在社会关系中的美。为人类提供生活条件的工人、农民是美的，为人类进步而探索科技奥秘的科学工作者是美的，保卫人民和平生活的战士是美的，为振兴中华发奋学习的青年学生也是美的……各行各业按照美的规律来生活、来创造一切的人都是美的。美的人才能创造出美的生活、美的世界。

2.社会美的特点

社会是美的主要形态，与自然美相比，它具有以下特点：

(1) 社会美以内容取胜。这是它与自然美的最根本区别。也就是说，自然美侧重于事物的鲜明形象和生动形式，社会美则侧重于事物的本质和内容。例如，人际交往中人们主要关注对方的内在品质和心灵美，而不是外表和形象美。一个道德品质不好的人，也许因其外表好看而给人留下“美”的“最初印象”，久而久之，当他逐渐暴露出丑恶的灵魂时，人们会感到厌恶。其原因就在于社会美以内容取胜的特点决定了人们看法的转变。

(2) 社会美饱含人类的意志和智慧。社会美虽然也像自然美一样受自然规律的影响，但却深深地打上了人类意志的烙印。原始人的石斧、现代人的宇宙飞船都具有美的意义，这种美体现着人类的意志和智慧，是人的本质力量的体现，是人的主观能动性的体现。所以，社会美中的人和事都源于人的高度自觉性，具有极大的主观能动性，是人类意志的表现。

(3) 社会美具有鲜明的时代性、民族性、阶级性。不同历史时代，不同社会制度下的人对社会美的理解是不同的。

在阶级社会中，社会美具有鲜明的阶级性。由于各个阶级所处地位不同，其审美标准和审美趣味也不一样。但只有那些反映社会发展趋势，符合广大劳动者要求的社会关系，才是真正的社会美。

由于地域、语言、经济、气质、生活习惯、文化传统等的差异，不同民族对社会美也有不同看法。比如人的形体美就体现着不同民族内在的生活特征和气质。属于地中海型的南欧妇女，认为肩部和骨盆宽窄相等、胸部挺直就是美女。属于北方型的法兰西、日耳曼和南斯拉夫族的妇女，则认为必须骨盆发达、两肩狭窄、胸部前倾才算美女。标准所以不同是因为每一个民族都有自己的欣赏习惯，这是社会美所具有的民族特色。

社会美总是与思想、道德相联系，它的前提条件是善，它的结果必须对社会进步和发展有利，即社会美必须具有功利性。

3.社会美的审美价值

社会美可以陶冶人们的心灵，净化社会风气，抵制丑恶。社会美在陶冶人的心灵上能以形悦心，以情感人，以美引善，以美育人。使人们在美的享受中高尚起来，并不断地充实自己，完善自己，增强抵制丑恶的能力。

社会美以潜移默化的方式作用于人，它进入人们的生活，得到人们的承认，便能鼓舞人们的劳动热情，进一步丰富人们的思想和生活。教师掌握了社会美，可以言传身教，培养出优秀的学生；工人了解了社会美，可以制造出美的优质产品；售货员懂得社会美，可以帮助顾客购买称心如意的商品；服装师、理发师把握了社会美，可以根据人们的不同体型、脸型、肤色制作得体的衣服，设计漂亮的发型，美化仪表增加风度。

总之，只要我们掌握和了解了社会美的原则、内容，人人都可以为自己、为他人增添美的色彩。提倡社会美，对丰富人类的物质生活和精神生活有巨大作用，对培养全面发展的新时代人才也具有重要意义。

三、艺术美

1.什么是艺术美

艺术美是对艺术品的审美属性的概括，是艺术家对现实美的主观反映。艺术美伴随着每个人的成长。父母唱给婴儿催眠的摇篮曲，长辈讲给孩子们的神奇故事，音乐、舞蹈、文学、绘画、雕塑、戏剧、电影、建筑等各种具体形式的艺术美，都会引导人们步入艺术的殿堂。动人的小说会使人浮想联翩，精彩的电影会使人难以忘怀，美妙的歌曲会使人情思荡漾，迷人的绘画会使人思绪万千，栩栩如生的雕塑会使人感慨万分，宏伟的建筑会使人惊叹不已……艺术美滋润着人们的心田，陶冶着人们的情操。

艺术美与艺术是两个不同的概念。艺术是与哲学、宗教、道德等相并列的社会意识形态，艺术美则是对现实美的反映。现实美是第一性的，艺术美是第二性的。世界名画《蒙娜丽莎》就是伟大的艺术家达·芬奇用艺术美充分反映现实美的杰作。蒙娜丽莎是个皮货商的妻子，当时她的爱女夭折，万分悲痛忧伤。达·芬奇为了作画，就请乐师为她奏乐，很巧妙地捕捉到她瞬间的微笑，画出了一位安详、宁静、温柔的妇女形象，借此歌颂了人的美、女性的美。达·芬奇的画是艺术的美，但不是现实美的简单复制，画中人物超出了生活中人的美。虽然它以生活中人的美为基础，但是它提炼了人物原型的社会美的精神，渗入了艺术家对现实美的审美情感和审美理想，使观念形态的艺术美变成了审美主体能够欣赏的客观对象。艺术美是观念形态的，属于社会意识范畴；相对于观赏者，它又是一种客观对象。而无论是观念形态，还是客观对象，都是一种客观存在，这样我们就可以说任何艺术品都是占有一定时间和空间的物质存在。

我们说艺术美是艺术家对现实美的反映，这是从普遍意义上讲的。艺术美不只是对现实生活中美的反映，现实中的丑经过艺术家正确的审美评价和典型概括，也可以“转化”为艺术美，即艺术家能化丑为美。如莎士比亚笔下那个造谣中伤、搬弄是非的阴谋家伊阿古和贪婪嫉妒、唯利是图的高利贷者能使人在反感的同时受到艺术的感染，得到美的享受。丑的形象在作品中具有它的生活原型所不具备的艺术审美价值。因此，艺术美不仅反映自然美和社会美，而且也反映自然丑和社会丑。

综上所述，艺术美是艺术家根据现实美进行创造并运用一定物质材料体现出来的观念形态的美。

2.艺术美的主要特点

⑴ 艺术美具有永久性、普遍性。现实美因受时间和空间的限制，有兴有衰，常常是一次性完成，不再重复出现，人们却有再现它并在再现中观照自己的需要。一些令人兴奋不已的往事，常常引起人们美好的回忆，从回忆中获得愉悦感，但记忆会变得模糊不清。艺术则可以使它们以物化的形式固定下来。例如，古代希腊是几千年前的历史，不能重复出现。而希腊神话和荷马史诗——《伊里亚特》《奥德赛》却永远流传，让一代又一代人从中窥见当时人们的生活、情感和风貌，使现代人也能和《伊里亚特》中的英雄阿喀琉斯一起征战沙场，和《奥德赛》中的国王奥底修斯一起航海历险，艺术地认识世界，认识历史。

⑵ 艺术美比现实美更集中、更强烈，它具有典型意义。艺术美经过艺术家的集中提炼和再创造，把分散的美化为集中的美，把局部的美化为整体的美，使美的特征更加突出和鲜明。欧洲文艺复兴时期的意大利艺术家拉斐尔为画出古希腊美女海伦的肖像，把全部的美女都找来，各取所长，经过艺术加工重新熔铸出一个超绝人寰的美女。别林斯基说：“现实好似地下矿苗中未经洗练的纯金，科学和艺术则把这黄金洗练出来，熔化在优美的形式里。”经过集中提炼和典型概括的艺术，常常能反映出生活中的普遍性。鲁迅的《阿Q正传》从广阔的社会生活中提炼出阿Q的形

象，使阿Q成为一面镜子，照出了当时人们身上的种种病态。作品一发表，许多人惶惶不安，到处打听作家所写的到底是谁，因为他们从作品中照见了自己。这就是说阿Q的形象概括了旧中国病态社会中的某种共性。

(3) 艺术美是对现实美的积极的、能动的反映，其间渗透了创造者的审美感情和审美理想。艺术家反映现实不是事无巨细，有闻必录，而是有自己的选择。优秀的艺术家总是和人民群众站在一起，为实现进步的社会理想而进行艺术活动。屈原、李白、杜甫、鲁迅、莎士比亚、达·芬奇、贝多芬、高尔基……在他们的作品里无不充满了崇高的爱国主义和英雄主义精神，鞭挞黑暗，追求光明，突出体现了人类在任何艰难挫折面前都一往无前的必然趋向，具有鲜明的进步倾向。例如，奥斯特洛夫斯基的《钢铁是怎样炼成的》中主人公保尔·柯察金曾成为我国20世纪50年代至60年代初青年人心目中的神圣形象，这本书至今仍是打动青年心弦的一支昂奋的旋律。《国际歌》被列宁誉为全世界无产者的歌，它曾鼓舞一代又一代革命志士笑对监狱、刑场，甘洒热血写春秋。

毛泽东同志说过："人类的社会生活虽是文学艺术的唯一源泉，虽是较之后者有不可比拟的生动丰富的内容，但是人民不满足于前者而要求后者。这是为什么呢？因为虽然两者都是美，但是文艺作品中反映出来的生活却可以而且应该比普通的实际生活更高、更热烈、更有集中性、更典型、更理想，因此就更带普遍性。

3.艺术美的审美价值

(1) 审美作用。艺术美以激动人心的情趣，唤起人们的美感，引起人们对美的热爱和对丑的鞭挞，陶冶人的情操，增强人的审美能力，提高人们的审美情趣。审美作用中包括美感愉悦作用、精神陶冶作用及情感交流作用。艺术的审美作用是艺术发挥多种功能的基础，艺术的其他社会功能皆寓于审美作用之中，建立在审美基础之上。离开审美作用，其他作用皆成空中楼阁。

⑵ 认识作用。艺术以其对现实和历史的丰富图景的再现与反映而使人们从中了解各个时代社会的真情实景，它甚至能越过时空的限制而长久地为人们所欣赏，而现实美往往会在时空中消失。如庐山有一处瀑布现已不存在，但李白的诗句“日照香炉生紫烟，遥看瀑布挂前川。飞流直下三千尺，疑是银河落九天”将永久地被人们吟诵。

⑶ 教育作用。“文以载道”，“寓教于乐”，说明艺术美具有巨大的思想教育作用。艺术美的思想教育作用不仅仅是审美，其中也包括审丑。在现实生活中，美就是美，丑就是丑。而艺术却可以把现实生活中的丑转化为艺术美，达到以丑衬美的目的。雨果在《克伦威尔·序》中说：“丑存在美的旁边，畸形接近着优美，丑恶滑稽藏在典雅高尚的底面，恶与善相共，阴影与光明相共。”以丑衬美起着“见善足以戒恶，见恶足以思贤”的效果。艺术家塑造反面形象不是自然主义“现实的苍白的复制”，而是倾注了作者对它的批判、鞭挞，倾注了创作者的审美理想，用美的光辉照出了反角的丑态，激发审美者趋美避丑的审美情感。

艺术的审美作用离不开艺术的认识作用和教育作用，它蕴藏于认识作用和教育作用之中。只具有审美作用的纯粹的艺术品是没有生命力的，它将走向形式主义的极端。离开审美作用的认识作用和教育作用，将导致公式化、概念化。认识作用、教育作用只能通过审美作用去实现。艺术美的认识作用、教育作用、审美作用，体现了艺术真、善、美的统一。这三种作用既相互区别又相互联系，真的启示和善的教诲，应当通过美的享受来实现。

复习思考题

1.什么是美学？

2.美的本质是什么？

3.简述自然美、社会美和艺术美的审美价值。

第二章　青年学生人格美

造就高尚的人格，是众多仁人志士终生追求的目标，也是青年一代人生旅途的重要课题。为了帮助青年学生实现人格美，本章就人格及其类型、人格美的内涵、青年学生人格美的实现等问题予以阐述。

第一节　人格与人格美

一、什么是人格

1.人格的含义

人格是指社会生活中的人受内在品质的支配而表现出来的行为方式的总和。这一概念包括三层含义：①人格个体的人在日常生产和生活中所表现出来的行为；②这些行为受人的内在品质（需要、动机、观念、情趣、文化）的支配并通过一定方式显示出动态特征；③人都是特定社会关系中的人，个体人的行为是带有一定社会特征的角色行为。这个定义，承认人格是一种行为特征，行为又呈现出动态的过程特征，一系列的行为过程反映出个体角色的品质特征。它强调个体行为的整体性、一致性和连续性，反对片面地、孤立地看问题，摒弃单纯凭一时一事、一言一行为特定对象做出人格结论，同时也不否认偶发行为所显示的人格特征。

人格与人生的关系十分密切。人生是人为了生存和发展所进行的全部活动，人格是指人的行为总和，两者既有联系又有区别。联系是指它们都反映着人的行为，都受一定的心理动力所支配，行为都有一定的目的和表现方式，而且不管任何行为都带有明显的社会性。区别是指人格意义的行为既可是阶段行为的总和，也可是一生行为的总和；人生意义的行为多指人的毕生行为的总和。人格多指人的行为的属性，人生则多指人的终生行为的过程以致最后的结果。人格侧重于心理学意义，人生则侧重于社会学意义。人格影响着人们为了生存和发展而进行的一切活动，人生的一切活动又都反映着人格的特征。人格决定人生，人生显示人格，人格构成人生，人生寓于人格之中。二者相辅相成，不可偏废。

2.人格的类型

社会学家和心理学家依据特定社会条件下不同人的品格特征和行为模式，将人格大致分为以下几种类型：

(1) 完备型人格。这种人格属于崇高的人格。具有这种人格的个体，其人格行为是大公无私，人格取向是集体主义，人格态度是乐观向上，人格宗旨是全心全意为人民服务。

(2) 进取型人格。在社会主义社会里，特别是社会主义初级阶段，人格特点具有鲜明的进取性。具备这种人格的个体，一般有 8 个特征：强烈的自我实现欲望；长远的奋斗目标；开放的创新意识；坚定的追求精神；娴熟的工作技能；敏锐的政治头脑；规范的道德观念；尊重知识、尊重人才的价值观念。

(3) 唯我型人格。这是一种与私有制的社会形态相适应的人格，其基本特征是唯权为上，唯钱是崇，唯利是图，贪图享受，蛮横无理。这一人格类型是历代剥削阶级人格特征的生动反映。

(4) 依附型人格。这种人格缺乏自主精神，唯命是从，没有主见，随声附和，抛弃自尊，奴颜婢膝，甘心认命，不敢抗争，见风使舵，溜须拍马等。这种人格是腐朽的剥削阶级思想的产物。

我国将长期处于社会主义初级阶段，在这个特定历史阶段，我们应当推崇第一种人格，大力倡导第二种人格，摒弃第三种人格，批判第四种人格。

3.人格结构

人格结构主要包括智力品格、能力品格、情操品格和意志品格 4 个方面。

(1) 智力品格。智力指学习的能力，个体智力由观察力、记忆力、思维力、想象力和操作能力五大要素组成。五大要素在智力结构中互相联系又互相制约。观察力是智力结构的接收器，接收来自外界的信息。记忆力是智力结构的储存器，对各种信息进行加工。想象力是智力结构的翅膀，使各种信息富有活力。操作能力主要指动手能力和实践能力，是智力结构的转换器，将智力转换成物质力量。这五种能力构成认知性学习的基本品格。

(2) 能力品格。指智力以外的其他基本能力、特殊能力和创造能力。基本能力包括语言表达能力、独立生活能力、自我管理能力。特殊能力是指完成某些专业活动所必备的能力。创造能力是指能产生新设想的创造思维能力和能产生新成果的创造技能。

(3) 情操品格。首先是树立造福人类的远大理想和追求真理、攀登科学文化高峰的崇高志向。其次是应有知行统一的精神，使美好的设想付诸实践，不尚空谈。再次是应有大无畏的勇气，不畏劳苦，不畏艰难，不畏嫉妒，不畏打击。

(4) 意志品格。这是人的动力结构。人的意志活动一般包括三大要素：需要、动机、行为。需要是人在社会生活中感到某种欠缺而力求获得满足的一种具有指向性、周期性、可变性和社会性等特征的心理状态。动机是激励人去从事某种活动，并指引活动满足一定需要的意图、愿望、信念等，它是行为的直接原因。行为是在人的需要、动机支配下所产生的有目的性、持续性、可变性、有序性、自主性和外在性的活动。这三个基本要素直接影响着人们的意志品格。它决定着人们意志行为的自觉性、果断性、自制性、坚韧性以及献身精神等。

4.健全的人格

健全的人格，也即成熟的人格，一般有如下几个特点：

（1）信仰的坚定性。信仰是主体的人对某种主义、主张、宗教等极度相信和尊敬的表现，是用以作为自己行动指南的意识形态。政治信仰是主体的人根据自己所处的社会地位而确定的一种具有鲜明的阶级色彩的意识形态。人是有精神的，政治信仰就是人的精神支柱，没有政治信仰，行为便会陷入盲目。在我国现阶段，社会主义制度优越性的充分显示，为广大青年学生确立共产主义政治信仰奠定了良好的思想基础。虽然社会主义还存在着不少需逐步趋于完善的地方，但是我们应当坚信共产主义一定会实现。反之用感情代替理智，进而动摇自己的信仰，就会导致盲目行动，铸成终身大错。

（2）做人的独立性。社会生活的人，要想活得有意义，首先必须有正确的做人标准。汉代科学家张衡曾以“不患位之不尊，而患德之不崇；不耻禄之不优，而耻智之不博”自律。当代数学家华罗庚曾以“树老怕空，人老怕松，不空不松，从严以终”的晚节诗作为座右铭，严于律己，为科学事业奋斗到最后一息。其次，修身标准必须有正确的指导思想，体现做人的独立性。消极处世无异于自我毁灭。目前有不少人以“难得糊涂”作为行为准则，未免差矣！如果大家都糊涂，那么，世界就会成为糊涂世界，甘心受制于人，甘心任人摆布，那么，人格的独立性就无从谈起。

（3）能力的适应性。现代化建设要求有现代化的人格，这种人格必须具有极强的适应能力。即要有学习认知的能力，独立工作生活的能力，自我调控的能力，现场应变的能力。善于决策的能力，创造发明的能力以及自我客体化的能力。要具备这些能力，首先是善于认定自己的心理位置，通过自我评价清楚自己的“分量”。其次是勇于承认现实自我和理想自我的差别及自己与他人的差别，勇于公之于众，而不是打肿脸充胖子。再者是能够通过自己的积极努力，缩小与他人的距离，甚至赶上或超过他人。

(4) 自我扩展性。为了扩展自己，拓宽自己的活动范围，需要广交朋友，加强人际交往。人际交往的动机一般有三个：一是亲和动机。力图通过互相往来与别人建立良好关系，以互相关心，互相爱护，互相帮助。二是成功动机。通过互相交往，接受知识和行为的启迪，获取走向成功的钥匙。三是赞许动机。通过与人交谈，现场汇报，翻阅稿本，观看操作，让人了解自己并且予以肯定、褒奖。因此，采取客观的、现实的行为，实现自我扩展，不搞脱离实际、无限夸大的故弄玄虚，是成功者的主要素质，也是强者的美德。

二、人格美的内涵

1.人格美是人生的主旋律

从美学角度看，人的一生实质上是造就完美人格的过程，所以我们说人格美是人生的主旋律。那么怎样才能造就完美的人格呢？人格学家认为要经过认识自我、实现自我、超越自我、实现理想自我四个阶段。

(1) 认识自我。自我首先是个具有生理本能的人。生理需要要求自我必须吃、喝、住、穿，以满足物质需要。但仅仅如此，还不能实现人的完整发展。所以还必须满足精神需要，诸如玩耍、交友、认知、信仰、审美、创造等等。同时还要明确自己是特定社会的一个成员，在社会大家庭中生活，需要自己付出艰苦的努力。认识自我是人生的起步，在认识自我之后，才可能去认识和改造外部世界，才能发现自我的潜能从而实现自我。有的人糊里糊涂地活着，他的一生是没有自我认识的人生，是一种自发的人生。

(2) 实现自我。这个阶段分为相互联系的两步，即确立自我至实现自我，确立自我的前提是思想确立。在明确个人的社会位置的基础上，牢固树立五种意识：①在自由和限制中实现自我；②应摆脱腐朽的奴性；③有高尚的人生理想；④有稳定的价值观念；⑤有坚定的政治信仰。这五种意识是实现自我的思想基础。行动上确立自我，是实现自我的活动状态。是在上述自我意识的作用下实践自我的人生目标。实现自我的全过程是塑造自我的曲线运动，目的是为了塑造一个独特的自我。这种独特的自我，身心适应环境，智能富有活力，性格崇尚开放，言行注重规范，工作敢于创新。

(3) 超越自我。这是对自我的一种否定和不满足。如果说实现自我主要表现为不模仿他人的话，那么超越自我则主要体现在不重复自己。人类就是在不断超越自我中成长进步的，不能超越自我则无所谓进步，当然也无所谓社会文明，善于反省是超越自我的最基本形式。瞻前，以看到未来的希望，激发自我审查的欲望；顾后，以发现自我的不足，激进自我审查的深度；纵比，以判定自我的差别，激化自我审查的心理；横照，以明确自我的位置，激起自我超越的行为。这种过程是痛苦的，但成功之际的甘甜也是一般人所无法体味的。超越自我成功的心理基础是自信，它是自我对未来的憧憬和不畏艰难、实现憧憬的热情、毅力和决心。自信的人，自信自己的聪明才智，自信自己的学识和本领，自信自己能有建树，自信自己能青史垂名。只要有自信，就能走出自我，跨入新我的天地。但是应反对盲目的自信。盲目自信易使人过高地估计自己而陷入自负。自负便会导致人们采取盲目的行动，盲目的行动常常招致挫折和失败，挫折和失败之后又往往使人走向自卑。这样就永远不能超越自我。伟人之所以成为伟人，就是因为他们自信而不“盲信”。

(4) 实现理想自我。从最终目的看，超越自我仅仅是个过程或者手段。走向成熟的自我才是必然的天地。心理学家马斯洛认为理想自我的实现者有以下特征：准确而充分的知觉现实；对己、对人和自然表现出极大的宽容；显示出天然质朴的气质；倾向于关心问题而不是关心自己；具有超然于世的品质和独处的需要；自主的、独立于环境和文化的倾向；显示出永不衰退的欣赏力；周期的神秘体验或高峰体验；倾向于和所有的人打成一片；只与少数人发生深重的个人友谊；倾向于接受民主价值；具有强烈的道德感（包括审美感）；毫无恶意的幽默感；富于创造性；能抵制社会现存文化的同化。

从认识自我到实现自我，从实现自我到超越自我，再从超越自我到实现理想自我，是个体人格进步、发展和完善的过程。无疑，人格美是人生的主旋律。

2.人格美的内涵

人人都希望谱写光辉的人生，光辉的人生又是与完美的人格紧密联系在一起的。为真理和正义而斗争是人格美的主要内涵。

（1）为真理而斗争。真理是人脑对客观事物及其规律的正确认识。它来源于实践，理所当然地能够经得起实践的检验。所以真理是客观的，既有绝对的一面，又有相对的一面，是从相对走向绝对的，是同谬误相比较而存在、相斗争而发展的。革命理论是在长期的革命斗争中产生的，反过来，用它去指导革命实践，不可避免地仍然需要斗争，而且这种斗争有时是很艰苦、很复杂的。革命事业是在革命理论指导下所进行的伟大实践，胜利是必然的，道路是曲折的，然而与之同时，斗争也是不以人的意志为转移的，甚至需要付出血的代价。科学技术是推动社会前进的第一生产力，其成功之后的经济价值或社会效果令人羡慕，然而一种新的科学假说的提出，往往受到习惯势力的攻击，如果畏惧斗争，放弃验证，势必永远被戴上伪科学的帽子。无论是创立革命理论、开展革命事业或者从事科学研究，都永远离不开斗争。斗争形式是多种多样的，从对象看，可能是阶级的斗争，可能是路线的斗争，可能是思想的斗争；从方式看，可能是枪林弹雨的斗争，可能是两军对峙的斗争，可能是唇枪舌剑的斗争，也可能是隐蔽的斗争；从性质看，可能是善与恶的斗争，可能是新与旧的斗争，可能是正确与错误的斗争，也可能是光明与黑暗的斗争。其中也包含着与自我的斗争，而且这种斗争多是异常严酷的。用哲学的观点看，斗争的核心，归根结底，始终是真理与谬误的斗争。众多追求真理、献身革命和献身科学的人，都无愧于坚持斗争的典范。马克思、恩格斯假如放弃同唯心主义、形而上学的斗争，就不可能创立科学社会主义理论。毛泽东、周恩来等老一辈无产阶级革命家如果放弃同“左”、右倾机会主义的斗争，就不可能指引中国革命走向胜利，在960万平方公里的土地上建立伟大的社会主义共和国。巴斯德如放弃同生命“自生论”的斗争，不进行“高山考察”和“U”形瓶实验，就不可能证明“生命不是自然发生的，而是由泥在空气中的胚种生长起来”的学说。张颖清若不敢同传统观点做斗争，放弃在自己身上做实验，就不可能发现“生物全息律”。真理之所以成为真理，并不因为它是真理，而是因为它是斗争的产物。发现真理难，坚持真理更难。立志追求真理的青年，必须准备为捍卫真理而付出巨大的代价。

(2) 为正义而斗争。所谓正义，包含两层意义：一是指公正无私的行为，诸如为官清廉，不搞特殊化，不徇私枉法；为人有道，敢于说真话，做真事；光明磊落，坚持原则，等等。这些为社会所推崇的行为，都属于正义的范畴。二是指为人民谋利益的行为，像克己奉公，舍己为人，除暴安良，“先天下之忧而忧，后天下之乐而乐”这些为人民群众所称道的行为，都属于正义的范畴。凡属于同非正义进行斗争的行为，都是为正义而斗争。如果说为真理而斗争难，那么为正义而斗争则更难。真理大多涉及宏观方面，正义更多的则是涉及微观方面。在特定条件下，坚持真理需要的是胆略，坚持正义需要的是勇毅。二者都可能付出牺牲，但前者的牺牲多是生命，后者的牺牲多是利益。一些人在革命斗争中抛头颅、洒热血，可能无所畏惧；但在经济建设中丢官职、弃名利，却可能徘徊犹豫。我国从古到今，不少为正义而斗争的人，常常被人敬仰。在历史上，孟子曾说："生亦我所欲也，义亦我所欲也，二者不可得兼，舍生而取义者也。"春秋时期齐国著名政治家晏婴，身为一国之相，"先民而后身，薄身而厚名"，清人张一纯称赞他"忘己济物，有大禹之风"。

在现代，为正义而牺牲一切的人物，更是不胜枚举。共和国的缔造者毛泽东，为了国家和民族的安危，甘愿把爱子毛岸英送往抗美援朝前线。毛岸英不幸牺牲后，彭德怀司令员向毛主席请示处理办法时，老人家只是写了两句诗表明心志："青山处处埋忠骨，何须马革裹尸还"。著名爱国科学家钱学森，曾在美国两个科研单位任职，享有优裕的生活条件，拥有世界第一流的科研技术设备，但他不顾罚款坐牢的威胁，冲破种种阻挠，毅然回归祖国，在"一穷二白"的土地上创建起中国的火箭、导弹事业。正义之所以被称为正义，不只是因为它是正义，而且因为它与斗争有着不解之缘。坚信正义难，坚持正义更难。决心追求正义的青年，必须准备为捍卫正义而付出自己的一切。谁要想不做出牺牲就拥有正义，那么他所信奉的正义就很可能是非正义。

坚持为真理和正义而斗争，必须抱有真理和正义必胜的信念，具有从挫折中奋起的意志，确立国家和人民利益至上的前程观。这是人格美的内涵中所体现的个人品质。

第二节　青年学生人格美

一、青年学生人格美的表现形式

1.高尚的理想品质

理想是对未来的想象或希望。一般分为两类：一是个人理想，二是集体理想。这两者既有独立性，又有一致性。个人理想是个体的人根据自身的实际所树立的奋斗目标。集体理想是党派或团体以客观条件为基础所确定的共同奋斗目标。前者以自我目标的实现为前提，后者以集体目标的实现为前提，它们是相对独立的。个人理想必须考虑特定社会的需要，集体理想则完全是特定社会需要的产物，二者都以社会需要为核心，因而又是一致的。把我国建设成为富强、民主、文明的社会主义现代化国家，是全国人民的共同奋斗目标，每个有志的青年都应以国家这个大集体的奋斗目标为个人理想。这是无与伦比的高尚理想，具有这种理想品质的人就是高尚的人。

2.高尚的情感品质

情感是人对外界刺激肯定或否定的心理反应。喜欢什么，厌恶什么，热爱什么，憎恨什么，崇尚什么，鄙视什么，褒奖什么，贬低什么，都是人的情感品质的外部反映。具有健康情感品质的人，必然会喜群众所喜，恶群众所恶，爱群众所爱，恨群众所恨，褒群众所褒，贬群众所贬。反之，则会表现出完全与群众相反的观点。青年学生大多注重情感，遇到与自己的愿望相吻合的人或事，往往容易动情，甚至用感情代替理智，不顾一切。当然，情感品质比较完善的人同样注重感情，但是决不会因动情而失去自控，遇事会三思而后行，掌握分寸，进退有制。譬如，对谣言谎言要善于冷静分析，慎重对待，决不为居心叵测者当义务“传话筒”。

3.高尚的学习品质

学习有广义和狭义之分。广义的学习是指人们为适应特定社会变化获得个体经验的过程。狭义的学习，是指在学校教师的指导下，有目的、有计划、有组织地进行的以获得人类知识经验，发展智力，培养能力为主要任务的活动。这里侧重于指后者。具有良好学习品格的人，首先要有正确的学习目的，要认识学习是为了人的完善。而升学深造则是为了适应社会需要而更臻完善的学习。以升官发财、挣大钱为目的的学习，是违背教育方向、扭曲人格的不能持久的学习。其次应有正确的学习方法。学贵有恒，更应善疑善思。沿袭前人，机械接受，是不会有所独创的。孔子曾说："学而时习之，不亦乐乎？"向书本学习，所获得的是前人的直接经验，是感性认识，要想把感性认识变为理性认识，必须注重"时习之"，通过动手操作，动脑思考，才能获得真知和技能。再次应有科学的评价态度。学习评价根据目的性不同可分为形成性评价和总结性评价等。为了了解对所学内容的掌握情况进行的测验，称为形成性评价。进行阶段学习测试，以观察是否达到一定阶段的学习目标，称为总结性评价。前者是后者的基础，后者是前者的综合显示。面对这两种评价，青年学生必须具备良好的自我评价品质。正确认识学习评价的学生，一定会按特定的测试标准，客观反映学习效果，所提供的情况属正反馈；认识错误的学生，则会采取非正常手段对付测试，反映的学习效果带有虚假性，评价者得到的情况就是负反馈。例如对待考试作弊，品质好者自然反对，品质劣者则会另有"高论"。

4.高尚的行为品质

凡属于受思想支配而表现在外的能动活动都是行为。不管是什么行为，都具有可控性和可变性。青年固然有青年的行为特点，但却不可能超越人类行为的规律，因而青年的行为同样是可控的，也是可变的。具有良好人格修养的青年学生，应该是特定社会行为规范的模范遵守者。在当前，青年学生的行为应做到以下 8 点：①热爱祖国，自觉维护国家民族的利益和尊严；②勤奋学习，一专多能，实现全面发展；③热爱集体，自觉维护集体利益；④热爱劳动，珍惜劳动果实；⑤遵纪守法，积极维护社会秩序；⑥尊敬师长，友爱同学；⑦自尊自爱，提高自我修养；⑧尊重科学，树立科学人生观。

5.高尚的审美品质

这是完善的人格品质所不可缺少的重要素质之一。人是美的创造者，在审美活动中，人又是审美主体。在我国社会主义条件下，为了更好地去创造美，尤其需要提高审美主体的修养。具体任务有三：①培养正确的审美观。审美观是人们对美丑的基本观点，它形成于实践的审美感受，又对审美感受起着指导作用。正确审美观的培养，既需要掌握必要的美学理论知识，又需要在生活实践中培养，努力让审美观指导生活，并成为生活中一种高尚的追求和爱好。②培养审美的敏感性。这主要靠审美实践的锻炼。③培养创造美的能力。在美的创造中形成具有个性特点的驾驭形式的能力，为表达审美主体的美好情感服务。

6.高尚的自理品质

教育的根本目的就是为了培养符合社会要求的完全能够独立的人格。为了实现独立的人格目标，青年学生要注重培养良好的自理品质。它包括两方面的内容：①自己料理自己的生活。青年人普遍具有一种惰性，即依赖性。如在家里依赖父母，衣来伸手，饭来张口，行路要送，住、用要现成。这种“公子”“小姐”式的生活方式，很可能养成事事依赖父母的不良习惯，甚至导致依附型人格。立志保全独立人格的青年学生，应自觉克服惰性，独立承担照顾自己的责任。②自己管理自己。从家庭走向学校，从学校走向工作岗位，永远离不了自己管理自己。进入成人期，要完成繁重的学习和工作任务，几乎完全靠自己的独立活动。一个从小缺乏自理锻炼的人，心目中的集体就是我，我就是集体，想干啥就干啥，想咋干就咋干，势必养成无组织无纪律的无政府习惯，发展下去，后果不堪设想。具备美好人格的青年学生，必须根据集体行动的准则，进行自我管理。通过理智的自我控制，逐渐养成成熟的个性：善于做出正确判断，善于控制激动情绪，善于鼓起进取勇气，善于采取理智行动，善于实现自尊，善于达到自我超越。

7.高尚的交往品质

人们在日常生活中会发生多种人际关系，包括个人与个人之间的关系，个人与群众的关系，个人与组织机构的关系。不论哪种人际关系，都要受主客观条件的影响，其中最基本的主观条件，则是影响人际关系的两个重要方面。一是社会知觉。它是主体对社会环境中有关个人或团体特性的认识，是建立在人际关系基础之上的。社会知觉来自对人对事的认识，要建立良好的人际交往，必须有正确的社会知觉。二是自我知觉，是指通过自己观察而获得的有关自己的认识，它是影响人际关系的重要因素。人们一般是通过间接方式来认识自我，例如和别人比较，从别人的态度中发现自我，借助工作成绩了解自我。善于进行人际交往的青年学生，应借助正确的社会知觉和正确的自我知觉来调节态度，选择行为，以适应社会。人们常说的“妥协”、“容忍”、“随机应变”、“屈从”等，只要实际情况需要又不违背党纪国法和道德原则，都是可以运用的。

二、青年学生人格美的实现途径

人格美涉及人的一切行为，实现人格美需要长期而复杂的过程。青年学生实现人格美的目标，主要有三条途径：仿效、发现、矫正。

1.在仿效中塑造

在仿效中塑造是青年学生实现人格美的基本途径之一。塑造自我的人格形象，没有任何参照，完全按照意愿，像捏泥人一样，想怎么捏，捏成什么样，就是什么样，是一种极不负责的人格塑造态度。人格是人的社会化的产物，尽管人的内在品质决定着人的行为，但行为无不受着特定社会的制约和影响，所以青年学生人格美的实现，必须首先通过仿效特定社会造就的人格榜样，作为人生路标。

仿效古代仁人贤士。在我国文明史册中，以实现人格美为终身追求的贤达之士比比皆是。汉代苏武出使匈奴被扣留，为了保持民族气节，坚贞不屈，被流放北海，啮旃吞雪，持节放羝，历尽千辛，19年之后，终于归汉。明代宋应星，决心写一本与老百姓吃饭穿衣密切相关的书，便到劳动人民当中去总结经验，在打谷场上向农民了解水稻脱粒情况，到窑场向师傅学习瓷器制作……经过20多年的调查研究，终于写出了《天工开物》一书，被国外称为“中国十七世纪的工艺百科全书”。与他同时代的海瑞，身在官位，布衣粗食，对过境官吏，不搞招待，“供具甚薄”；巡抚应天十府，锐意兴革，疏通河道，“民赖其利”，遭谗蒙嫉受诬陷，始终不改其志，被天下人敬称为“刚峰先生”。清代谭嗣同，为了国家的前途，积极参与维新，置个人生死于度外。维新失败，决心以死醒世，面临斩首，“慷慨神气不少变”，深受后人尊崇……众多仁人志士，用自己的行为谱写了人生理想的篇章，然而，他们的人生理想篇章，又何尝不是他们人格理想的篇章呢！这样的人格榜样，难道不值得仿效吗？

仿效当今名人伟人。青年学生大多崇拜名人伟人。这是因为名人伟人有着为了实现自己的人生目标甘愿失去一切，甚至牺牲生命也在所不惜的共同特点。

著名画家徐悲鸿，被尊为中国画坛一代宗师。蒋介石让张道藩去请他为自己画像，并赠之厚礼，张道藩极尽阿谀之能事，坚持请徐悲鸿为蒋介石画一幅正面半身标准相，徐悲鸿断然拒绝。张道藩威胁说：“你会悔恨莫及的……”徐悲鸿义正词严地回答：“悔恨?我感到自豪。你们的哲学是升官发财，金钱美女，我的座右铭是人不可有傲气，但不可无傲骨。”

著名作家周立波，上中学时就积极投身于火热的斗争之中，大革命失败后，不仅没有沉沦，反而更自觉地追寻革命，为了人类的自由解放，勇敢战斗，辛勤耕耘，直至生命结束。

革命家廖承志，在长征途中坚决反对张国焘的反党分裂活动，被错误地开除党籍，宣布为“反革命”，由保卫部门押着，随队伍行进。身处逆境，他仍然保持对党忠贞不渝的情操，处处以革命大局为重。部队开大会要挂革命导师像，他认真画；需要大标语，他挥笔写就；任务完成后又被关起来，从未流露过任何怨言。行军休息时，一有“自由”的机会，他就和同志们说说笑笑，甚至放开嗓子唱军歌、唱民歌、唱国际歌。他对党和革命事业忠贞不渝，殚精竭虑，奋斗终身。

像徐悲鸿、周立波、廖承志这样的名人伟人，权贵不可欺，逆境不易志，他们的人格是何等伟大！他们的人生是多么崇高！这样的人格榜样，难道不值得仿效吗？

2.在塑造中发现

每个人在生活中的每一刻，都在自觉或不自觉地进行着自我人格的塑造。如果说仿效是塑造人格的方法，而这种方法还没有完全超越了自我的话，那么在塑造中发现自我，则是完全依靠超越自我的力量而自觉评价自我人格的一条重要途径。进行自我人格评价需要三个条件。

⑴ 自信。即自己相信自己。进行自我人格评价是对自身的行为做出判断，不管肯定或者否定，都要有自信的勇气。对自己的行为进行分析，做出结论，需要自我肯定的信心；承认自己行为的缺点、过失，听取他人意见，以及确定发展趋向，需要自我肯定的勇气。辩证唯物主义告诉我们：肯定自我可以毫不费力，否定自我却需要自我牺牲的勇气。每个人都是在自我否定中成长起来的，人格的完善也是在自我否定的过程中实现的。

⑵ 自省。自己肯定自己或者自己否定自己，需要一个良好的心理过程，即自我省查。一个人身处特定环境，受到外来刺激，心理上往往做出一定的反应，其结果如何，取决于人格品质的好坏。人格品质好，会对情境做出正态反应，对自己的行为能进行主动检查，进而发现自我行为的过失或不足；反之，会对情境做出非正态反应，对自己的行为实行封闭，拒绝发现自我行为的过失或不足。具有高尚人格的人，十分注意自省。这方面，鲁迅为我们树立了光辉的典范。他的小说《一件小事》中所塑造的“我”，就是一个与作者一体化的严于自我解剖的典型形象。

⑶ 自认。是对自我人格做出认定。人生有阶段性，人格发展同样有阶段性。正常情况下，人格发展应该呈现逐步完善的趋势，非正常情况下

则可能变为畸形发展。所以经过一定阶段的人格塑造之后，必须善于对自己的行为做出评判，进而对自我的人格做出接近客观的认定。如果说自省是为了实现自我超越的话，那么自我认定则是实现自我超越的起点。没有自省便没有自我认定，没有自我认定便不会实现自我超越。

总之，自信是自省的心理依据，自省是自信的动态反应，而自认则是自省的必然结果，又是自信的基础。三者互相作用，互为依存，共同构成在塑造中发现自我人格的基本条件，形成一个循环往复的链环。

3.在发现中矫正

人格的完美不可能毕其功于一役，它往往伴着人格主体对自我人格的发现，需要采取恰当的方式，进行行为调整。调整就是改变原有的情况，使之适应客观环境的要求。这是青年学生实现人格美的关键途径。

调整的前提是认定，认定就是确认自己的人格行为是否有异常。人的成长和发展本来没有固定的模式，人格美的实现自然也没有预定轨迹。但是，人生的理想目标，可以为人格美的实现提供假设参照，虔诚地听取他人的评论，有益于人格主体对自我人格做出接近客观的判定，为决定是否需要调整提供依据。

人格异常，是指人的行为远远超越正常的规范，显示出一种病态的行为特征。根据其表现，人格异常可归纳为 8 种类型：

(1) 偏执型。这种人思想古板，心胸狭窄，多疑善感，自命不凡，功劳归己，推诿责任，好大喜功，畏惧失败。

(2) 孤僻型，这种人思想封闭，行为古怪，喜欢独处，遇事隐退，对人冷漠，不好社交，褒奖无反应，进攻不还击。

(3) 自爱型。以自己为中心，唯我独尊，耽于幻想，渴望才貌超人，期望赞美，拒绝批评。看人走极端，不愿理解别人，不愿承担责任。

(4) 戏剧型。多重性格，“两面派”作风，表里不一，逢场作戏，自吹自擂，装腔作势，为人不诚，缺少真情，喜欢挑剔，长于机变。

（5）情感型。这类人情绪不稳定，喜怒无常。遇事易激动，往往感情用事。做出成绩，趾高气扬；铸成错误，悲观丧气。

（6）无主型。缺乏自信心，遇事犹豫不决，意志不坚，见异思迁，不辨真伪，做事矛盾，没有主见，盲目听从。

（7）越轨型。这种人自我膨胀，麻木不仁，时常做出违反社会规范的行为，违法乱纪，破坏公众利益，受到处治没有悔改之意，甚至故意犯罪，扰乱社会，缺乏羞耻心和罪责感，属于反社会型人格。

（8）被动型。以被动的方式表现出强烈的攻击倾向。多因遭到不公正的待遇而产生逆反心理，善于自我控制和约束，充满仇视，却不直接表露。满腹牢骚，借助于暗地的幸灾乐祸来表达，做事故意违反常规，给人以不协调的感觉。

在判定自我人格所属类型的基础上，应该对自我的行为进行调整。调整即是矫正，凡是尚未进入理想自我境界的人格，都有着行为矫正的任务。矫正方法多种多样，但最终目的都是为了实现人格的完美。

三、青年学生人格美的发展与完善

青年时代是人生的黄金时代。这个阶段的人正处于四大高峰期，即生理变化高峰期，智力发展高峰期，社会需求高峰期，创造高峰期。因而在行为上表现出7个特点：①求知成才的欲望强。②就业的欲望强。③社交的欲望强。④政治上求进步的欲望强。⑤标新立异的欲望强。⑥求美求乐的欲望强。⑦恋爱结婚的欲望强。这是由青年的社会存在和社会实践所决定的，是客观的，同样也是合理的。但是，进入青年期的学生也应该承认个人的任何行为都要受特定社会的限制，这使青年学生在许多方面会感到不适应，也就对青年学生人格的发展与完善提出了严峻的课题。

1.应正确认识青年社会化的意义

社会化是一个人从自然人演进到社会人的过程。没有这个过程，人就不能成为一个合格的社会成员。每个人从进入人类社会的第一天起，就已经自觉或不自觉地走上了社会化征程。青年社会化是继少年社会化之后出现的一次比较完善的社会化，其目的是使青年成为符合社会要求的有所作为的社会成员。进入这个阶段，之所以感到诸多的不适应，主要有以下原因：①特定社会为了实现有秩序的生活，要运用各种规范和方法约束人们的行为。约束叫作社会控制，其方式有法律，纪律，道德，习俗，家教，舆论等。②青年学生在接受社会约束的同时，还要受学校及家庭的约束。例如，师长的管教，集体的限制等。这是青年社会化不可回避的事实，要达到人格美的境界，就应自觉地接受社会约束。

2.应正确认识个人自由与社会控制的关系

社会控制与青年的自由处于矛盾的统一体中。高度的民主生活，充分的自由权利是达到良好社会控制的基础；而良好的社会控制，又是个人享受自由权利的保障。在我国，根据宪法规定，公民在服从社会规范的前提下享有充分的自由。它要求青年按照社会规范指导自己的行动，自觉维护党纪国法，维护他人和集体的利益，不能把社会控制和个人自由对立起来。有的青年学生缺乏正确认识，把正常而必要的社会控制视为“压抑民主”“限制人权”，甚至提出什么“要争人权”的口号，这显然是要摆脱社会控制，发展无政府主义的个人自由人格，当然是十分错误的。

3.应善于进行自我控制

所谓自我控制，是指人们通过社会化的教育过程，树立正确的人生观和宇宙观，自觉运用各种社会规范来指导、约束、检点自己的行为，使自我人格正常发展。一个人的人格观念越强，他的自我控制能力就越强。当社会对某种不良风气提出批评，或者对某一扰乱集体秩序的行为进行指责的时候，他就会自觉地、主动地对自己的行为做出反省，进而做出合理调整。自我控制需要健康心理，健康心理导致健康的自我控制行为。健康心理作用下的健康行为，一般是正视现实，与社会现实保持积极的平衡，热爱生活，有成效地充分发挥自己的聪明才智，情绪乐观，善于使自己的意志行动保持积极状态，正视自己，能够在人生目标的追求中，坚持自爱自重，乐于交往，善于和谐地处理各方面的人事关系。

人格的塑造是个长期而复杂的过程。长期，是指从人生开始到人生的结束才能完成，寄希望于“速战速决”或“一朝一夕”，绝不可能达到完美的境界。复杂，是指造就完美人格是一个艰难的过程，其中夹杂着难言的痛苦和由衷的幸福。谁能够不断战胜自我，超越自我，谁的人生就是伟大的人生。青年学生为了实现自己的人格发展与完善，以至在人生的丰碑上留下光辉的一页，那就必须终身为实现人生的大超越而努力奋斗。

复习思考题

1.什么是人格?人生与人格的区别是什么?

2.谈谈如何发展和完善青年学生的人格美。

3.简述青年学生人格美的主要内涵。

第三章　青年学生仪态、语言、行为美

人类的美学追求，不仅是自然美、社会美和艺术美的追求，还包括人物美的追求，青年学生仪态、语言、行为美正是人物美的具体表现。人是社会生活的基本细胞，一切社会活动都是由人参与的，人物美不仅是人类审美活动的重要内容，也是宇宙万物发展的最高级、最丰富的美。

人的审美活动一般是从审美对象的外在形象开始，逐步深入到对审美对象的内在美的理解。对人的审美也一样。人物之美，一方面指美的身姿、语态、行为、风度等外表形象；另一方面指透过健美的身姿和良好的形象所显现出的精神风貌。

第一节　青年学生仪态美

一、人体美

1.人体美及其构成

人体美是指一个人的整体美而言的，既包括人的自然属性美，也包括人的社会属性美，是内在美与外在美的有机统一。

人体美的特征在于它的个体性。个体的人不仅生理素质和心理素质上有差别，而且由于各自所处的环境和条件不同，个人的意志、才能也存在着明显的差异。所以，就具体对象而言，人体美是千姿百态的。例如：《三国演义》中的关羽、张飞、赵云、马超、黄忠等人物，虽皆有勇将之美，但风采各异。《红楼梦》里金陵十二钗都是美女，但各有韵味，自有特色。

人体美的构成因素是多方面的，主要有形体美、精神美、风度美以及陪衬人体的服饰美等，其中形体美与精神美的有机统一是人体美的主体，其他如风度美、服饰美等都受其制约。

2.形体美与精神美

（1）形体美是指个体人外在形态的美，是人体美的基础。形体美包括两部分内容：一是人体各器官协调的比例反映出的体型美；二是人体各器官的综合状态反映出的姿势美。体型美是姿势美的基础。理想的体型应当是：躯体健壮，比例完美，肌肉发达，身姿灵巧。欧洲文艺复兴时期的著名画家达·芬奇曾应用数学关系说明人体各部分的协调关系，他认为两眼间的距离正好是一只眼睛的长短，耳朵应该与鼻子一样长，理想的人体上下身的长度比例应该符合“黄金分割”的原则，就是说，如果一个人的身长是1.618米，他的上身应为0.618米，下身应是1米，否则就会感到体态别扭。当然现实生活中如此理想的体型总是少数。

体型既依赖于先天遗传，也有待于后天锻炼。后天条件不足，如营养不良，成长环境恶劣等，也会影响人体的正常发育。反之，如果先天有某些不足，采取科学方法加以培养也是可以向理想的方向发展的。如健美活动，就是对人体的各个方面——体格、体魄、力量、灵巧、速度等进行有意识打造的一项运动。

人的姿势美是指身体各器官功能状态的基本姿势正确。人的姿势主要有站、走、坐、卧四种，对它们的审美要求分别如下：

站有站样。站立是人最基本的姿势之一，是人的形体美的重要方面。

站立姿势总的要求应该是潇洒自如，端正庄重，身体垂直，肌肉放松，手臂自然下垂，两腿微微分开，全身显得轻松自然，胸部稍挺，腹部肌肉稍收，这样就显得有精神。古人说“立如松”就是要求人站立的时候像松树一样挺拔，表示人的性格沉着、坚定。反之，歪脖子、塌肩膀、扭腰、屈腿、探头、撅屁股、挺腹、弯膝、耸肩等，都会给人以轻浮和缺乏教养的感觉。

走有走样。行走是全身性的综合运动，对整个形体的协调影响很大，古人说“走如风”，是指人行走的时候，应该从容不迫，矫健轻快。具体要求是：躯体正直，挺胸收腹，两腿迈步均匀，膝关节和脚尖正对前进方向，两臂下垂自然摆动，速度不宜太慢，稍快会给人以有精神的感觉，内（外）八字是一定要防止的。女性人为地扭动臀部也是不美的。当然，由于性别、年龄、时间的不同，行走的姿态也各有不同，这就要因人因地因时而宜了。

坐有坐相。坐是形体美反映在姿势方面很重要的部分，坐没有坐相就破坏了形体美。俗话说“坐如钟”，就是指要坐得平稳。坐着和人说话时，上身要直，自然挺胸，两腿基本平行，两手自然放在膝盖上或椅子扶手上。坐着看书或写字，两臂搁在桌子上的长度要相等，胸部与桌沿要保持一定距离。坐沙发时，还要注意两腿不可叉开。如果仰躺在靠背上与人对话，会给人一种举止轻浮的感觉。

卧有卧势。人每天三分之一的时间是在睡眠中度过的，卧就成为人的基本姿势之一。“卧如弓”是指睡卧时要自然伸体，不要过于蜷曲，以右侧卧最为理想，既能使心脏不受压，又有利于胃肠蠕动，便于胃内滞留物排空，有益于身体各脏器的健康发育。俯卧有碍健康，应予注意。

（2）精神美是人的内在各种要素美的综合反应，是心灵美的具体表现。精神美主要包括思想健康、感情纯洁、志趣广泛、才学渊博、道德高尚、理想崇高等。人的精神美总是受一定社会制度制约的，有鲜明的时代色彩。社会主义祖国当今的时代精神，是无私奉献，顽强拼搏，立志改革，振兴中华。

精神是内在抽象的，并不能直接显现为美。精神美是通过形体的外在形象表现出来的。当精神从外形上反映出来的时候，就成为外在的可感的具体形态。表现和灌注在感性形象上的精神具有审美的属性和魅力。一个人的精神只有通过形体美，才能充分表现出来。

形体美是人体美的外在因素，精神美是人体美的内在因素，两者都是人体美不可缺少的因素。

3.人体美的美学特征

人体美的美学特征是指人的审美价值。人体越符合美的规律就越美，其审美价值就越大。

(1) 人体美要给人以整体感。人体美是指人的精神的、形体的以及它们之间各个部分构成的有机联系。哪一方面不完全或受到破坏，都会减弱其审美价值。内在美和外在美要协调一致，内强外弱或内弱外强，都不协调，都会减弱和破坏人体美。形体的各部分也要比例协调一致，窈窕淑女要有明显的曲线，英俊少年要有健美的体形。

(2) 人体的内在因素和外在因素、人格与风度、精神与身姿要自然协调，强弱匀称，有韵律感。仪表堂堂、风度翩翩、精神抖擞这几个方面都要适度。其中，某一方面过强则失真，过弱则呆板。感情要丰富而真挚，深情厚谊要含而不露，过露给人以华而不实之嫌，过沉给人以缺乏生气之感。总之，无论是人的品格，还是人的形体，都达到自我完善，符合美的规律，就会光彩照人，给人留下深刻美好的形象。

二、服饰美

服饰美是人体美不可缺少的组成部分。一个体形和精神都美的人，再配以优美大方的服饰，就会锦上添花。这里的服饰，从广义上讲包括服装和装饰（化妆、首饰），从狭义上说是指服装配置。下面主要讲服装配置。

起初，人们为了御寒、蔽体才穿起了衣服，随着时代和社会文明的发展，服饰已成为一门艺术，具有重要的精神功能，既间接反映一个国家的政治经济状况、科学技术发展水平以及这个国家的民族素养，又直接反映穿着者的审美理想、审美趣味、心理特点和文化修养等精神因素。随着生活水平的提高，人们对服装的美化要求也越来越高。在当前我国人民服装样式百花争艳的形势下，怎样着装才能达到美化人体的目的呢?

1.服饰要整体美

英国近代哲学家培根说：“美不在部分而在整体。”孤立地看一个事物的各个部分可能不美，但就整体看却可能显得很美。反之亦然。服饰要整体美，就是服饰与人的心灵、形体以及服饰的白身构成要和谐统一，就是要把一定的流行性和鲜明的个性风格和谐统一起来。不能一味地追求“时髦”“新奇”，而不顾自身条件、周围环境以及民族风俗等因素，否则将适得其反。

服饰整体美主要由服饰的内在美与外在美构成。内在美指人的精神、气质、修养及服装本身所具有的“气韵”，外在美指人的形体及服饰的全部外在表现。具体说，包括人的体型和内在气质，服装的款式、色彩、质地、加工技巧以及着装时的环境等。服饰美就是要从这多种因素的和谐统一中显出整体的美。

2.服饰要造型美

服装造型，是指衣服的款式、规格、缝纫技巧等。

如今，服饰品种千姿百态、五彩缤纷，且不断发展变化，以满足人们的各种审美要求。服饰的时代感、时令感很强，造型向着简洁、质朴、大方的方向发展。穿什么衣服好，要具体到每个人，不能一概而论。因为人的差别除了形体不同外，更主要的是每个人的性情爱好、文化修养、生活环境、身份地位诸多内在的和外在的因素不同，形成了个体的差别。

即使有相同的体型，还会有不同气质的个性。下面几点，是选择服装造型时要共同遵循的：

(1) 穿着舒适、方便，具有实用性。一切服装美的追求都必须以实用为前提，穿着要舒适、方便。日常生活中的便服，劳动和工作中的工作服，访亲会友和节日仪式上的礼服，都是根据不同的实用目的而设计的，各人在选择服装时，要根据它们的造型特点和自己的性别、年龄、性格以及使用目的、时间、场合等情况，本着实用舒适的原则来决定。

(2) 要充分表现人的形体美，突出着装者的仪表风采。俗话说量体裁衣，就是要求服装要美化形体，充分显示人的体形优点，掩盖不足和缺陷，起到"扬美""遮丑"的作用。服装整体设计、造型格调要充分烘托、展示人的个性，突出仪表的自然风采，充分反映时代气息。如中山装显得庄重而大方，西装显得倜傥而潇洒，裙子显得轻盈而舒展，旗袍显得紧凑而优美，运动衫显得有朝气、有活力，夹克衫显得别致而有精神。总之，要精心选择造型新颖、格调高雅的服装来装饰自己，保持自我，以别于他人。

(3) 要适俗应境。服装的时代感、时令感极强，但服装的现代化要体现民族传统的风格。外国新颖的服装款式可以吸收，但要与民族服装的优秀传统融为一体，形成适合我国国情，适合民族习俗的新款式，以展示时代的风采。要反对机械地仿古，盲目地追随西方，而提倡善于捕捉时代与生活气息，巧于造型与创新。例如一个天真活泼的中国少女，穿上西方少妇袒胸露背的外衣，就失去了中国少女特有的风韵。一个身材优美、体魄强健的青年，不一定非要用紧绷绷的牛仔裤告诉人们你的腰臀是富有曲线的。而选择适合年轻人活泼好动特点的运动装、宽松型的便服就很有当代中国青年人的派头。应境，是指服装既要适合自己的身份、年龄、体型、肤色等特点，又要与周围环境协调统一。场合不同，穿着也应不同。如运动员穿上新颖、得体的运动服参加体育比赛是美的，反之，穿上运动服去参加宴会可能就不那么得体了。

3.服饰要色彩美

色彩、质料、造型是服装构成的三大要素，其中色彩又是主要因素。服装的色彩美是指服装具有明朗、醒目、艳丽等特点，带有鲜明的运动感和韵律感，给人以强烈的审美效果。

色彩美的原则是谐调。它包括服装本身所用色彩之间的谐调；服装色彩与款式、面料之间的谐调；服装色彩与生活环境的谐调等。

服装配色的自身谐调，是指构成服装的两种色或多种色在相互调配组合时应产生鲜明、和谐、悦目的印象效果。如主色调和，首先要确定整套服装以哪一色为“主”色，再按照配色目标，适当选取其他色作为陪衬，才显得文雅、柔和；对比色调和，是指把色彩性质几乎相反的色彩度降低，用对比方法配色，给人以鲜明的个性感、活泼感。

服装配色与人的个性要谐调。人的性格有开朗、热情、潇洒、温和、理智等差异。颜色的色调也有各自不同的“性格”，如暖色调的开朗、活泼、热情，冷色调的严肃、阴郁、悲哀等。所以在考虑服装配色时，必须保证这两种“性格”的协调一致。如一个性格开朗、活泼好动的青年，为了显示其青春活力与蓬勃向上的精神风貌，在服装配色时，就要注意明朗、鲜亮，可以用暖色彩中的高明度色，不宜用黑色彩或灰色彩等低明度色为主色调。理智、文静、性格内向的人，与之协调的色应是冷色、白色等。当然为了适当改善一下性格，有意识地增加相反色调的小件加以点缀，起到平衡性格的作用也是可取的。

服装配色与环境协调。自然界有四季之分，大自然的色彩也随季节变化而呈现出多姿多彩。人们生活在色彩丰富的自然环境和社会环境中，服装的配色与“场景”的色彩相协调才是美的。如夏季穿浅色调服装，冬季穿深色调服装是与大自然环境相协调的一般规律。在城市繁忙、紧张、五颜六色的生活中，穿冷色调、低彩度的服装，从心理上可以得到宁静和安稳之感。在机关、厂矿、学校这些环境中，服装的色彩以沉稳、柔和、淡雅为佳，就是与场景相谐调的一般规律。

最后，谈一谈流行色。色彩与时尚是有密切联系的。在某一个阶段，某一个时期，某些色彩是美的，但过一段就觉得这些色彩过时了，而另一些色彩又会时兴起来，这些经常变化的时髦色彩就是所谓的流行色。服装的颜色与流行色关系很大。人们研究流行色、追求流行色都是应当的。但是追求流行色要和尊重传统审美习惯、地区民族习俗统一起来，要和自身的各种条件、特点统一起来，防止盲目追求“时髦”而失去色彩的审美效果。总之，流行色也要以“色宜适体”为原则。

4.善于择料

美的服装和择料有很大关系。在选料上，首先要注意质感美。现在服装的质料品种繁多，选择性很大，为服饰美创造了有利条件。但是，制作、购买款式优美的服装，不一定非要是价格高的布料。有的布料价格高，质感差，未必称心如意；有的布料价格一般，但质感和谐，能制作出朴素、大方、高雅、称心的服装，不失其美的价值。另外，采用粗与细、厚与薄、无光与闪光，光滑与毛绒，挺拔与柔软巧妙组合，也能增加服饰的韵味。选料是表现服装形式美的重要手段，善于择料则可提高服装的审美效果。

三、风度美

1.风度美及其构成

风度是人的思想、气质通过言谈举止而反映出来的综合态势。也就是人的全部生活姿态给人们留下的综合印象。人的风度的具体表现是多样的，如仪态美好的风姿，神采奕奕的风度，气度宽厚的风格，英俊杰出的风流，神态雅致的风韵等等。不同的国家、民族，不同的职业、年龄、性格都有着各自不同的风度。如有的人诙谐开朗，有的人温柔敦厚，有的人粗犷豪放，有的人潇洒飘逸，有的人端庄稳健，有的人轻捷灵敏等等。

美好的风度是人体美的表现。人的风度美不单纯指外表漂亮，举止潇洒，主要指内在美，是内在美与外在美的和谐结合。风度美的构成因素主要体现在人的姿势、表情和神态方面，就是优美而和谐的体姿，丰富而溢于言表的感情，果敢而持重的态度的统一。

风度美是内秀与外美的统一，即内在美与外在美的统一，人的内在美的内涵是极为丰富的。例如，美好的品格、丰富的学识、良好的教养、坚定的意志、宽大的胸怀、豁达的性格和诚恳大方的态度，等等。这些内在的美，总是很自然地通过人的脑电波、心电波、呼吸波传到眼睛、面部、体态、举止上来，要想有意隐藏是很困难的。为人宽厚、心地善良的人，在气质上就会有诚恳和淳朴的表现；自强不息、不畏艰险的人，在气质上就会有刚强坚定的表现；热爱生活、情趣广泛的人，在气质上就会有心情开朗、说话风趣的表现。人的外在美包括人的身姿健美，面部造型和谐，全身线条组合得当，声音动作有力度，举止得体，衣着与肤色配合协调。这些也是人的风度美的重要因素，只有把内在美和外在美统一起来，人的风度才能美。《红岩》中的江姐可谓是内在美与外在美和谐统一的典范。相反，一个仪表堂堂的人，内心空虚，甚至灵魂肮脏，这种人可能会一时取悦于人，但是他的内心世界一旦被人发现，其外表美立即会消失，失去审美价值。

2.风度美的培养

风度不是固定不变的，它可以在正确审美观的指导下，通过适当的方法加以培养，即使人的外在因素有某种先天不足，仍可以在后天的锻炼中得到一定的克服。风度美的培养途径是多方面的，主要应从以下三个方面努力。

(1) 铸造美好的心灵。心灵美是一个人的灵魂所在。“君子坦荡荡，小人长戚戚”，说的是不同的品德有不同的风度。只有美玉般的品德，才有照人的风采。自然潇洒的举止，庄重大方的姿态，风趣含蓄的言谈，整洁合体的服饰，明亮有神的眼睛，矫健灵活的体魄，都会给人以美感。这些不同的风度，都是个人的内在品格与修养的自然流露，体现了人们不同的精神状态、个性气质、品德情操、文化素养、生活习惯以及不同的人生追求。要想使自己的风度优美，应当从这些方面进行自我塑造。当代青年要把自己的行为纳入社会主义道德规范，刻苦磨炼意志，美好的心灵就能铸造成功，优美的风度也就随之自然形成了。

⑵ 提高文化修养，增长知识才干。风度美要有才干，庸才显不出风度。一个将军指挥若定，就有将军风度；一个科学家才华横溢，就有科学家风度；一个在改革洪流中大显身手的企业家，就有改革家的风度……学识渊博，不耻下问，才华横溢，谦恭有礼的人，就受人尊敬，令人钦佩。青年正处在长知识、长身体和世界观开始形成时期，应当刻苦钻研科学文化知识，增长才干，同时培养多方面的兴趣和爱好，提高自己的思想品德修养和文化素质，增加自己的“底蕴”。

⑶ 塑造优美的身姿。如果一个人有美好的心灵，加上优美的身姿，这种“秀外慧中”的风度，就会令人赞不绝口。身姿是人体的外在表现，包括仪表、语言、动作、态度、作风以及服饰等。优美的身姿要靠个人在社会实践中自觉培养，要科学地保持自己好的自然条件，克服不足的自然条件；要自觉养成站、坐、走、卧的正确姿势；要认真学习待人接物的礼仪，做到大方有度，不落俗套；要学习优美流利的语言，表达自己丰富的感情等。

最后，培养风度美要注意人的性别、年龄、职业的差别。如男子风度美的标准应当是强悍刚毅、宽厚大度、深沉执着、无私严峻、自信而有远见卓识。女性则要活泼、热情、直爽、开朗、温柔、谨慎。

第二节　青年学生语言美

一、语言美是心灵的外化

语言是人们交流思想的工具。通过语言，人们互相传递信息，互相交往。在现实生活中，语言每时每刻都在发挥着巨大作用。

语言美，指人们在日常生活中语言的思想内容、表达方式、语气习惯方面的美。主要通过人的遣词造句和谈吐方式表现出来。

语言美是人的心灵美的外在表现形式。语言是表现心灵的一种工具，“言为心声”就是这个意思。人们可以借助音、词、句的语言形式表达善的思想内容。高尚、优美的语言是一个人美好的内心世界的表露。人的思想情操、文化修养等也都可以通过语言表达出来。所以，语言美首先是内心美。著名教育家叶圣陶说过，只有“诚于中”，才能“形于外”。待人处事要讲究真诚，诚实才能自然地流露出自然美。有一颗善良、纯正、美好心灵的人，说话就一定有礼貌讲道理。心地不善良，缺乏教养，说话就粗野、骄横、无理。所以，要使语言纯洁、优美，首先要从心灵美做起，努力培养高尚的道德情操。同时要加强文化修养，锻炼语言的表达能力。

二、语言美的基本要求

对语言美的要求是多方面多层次的。不同的时代，不同的阶级，不同的民族和国家对语言美的具体要求也有所不同。从符合社会主义道德规范的角度说，语言美就是要求人们的语言具有文明礼貌美。言谈说话要言之有理，言之有据，文明礼貌；在语言的运用上，注意逻辑性和表达力，措辞准确、生动；谈吐方式谦逊诚恳，不讲粗话、脏话，不强词夺理，不恶语伤人。具体地讲，要求做到说话和气、讲理、文雅。

和气，是对讲话态度的要求。就是要心平气和地同别人说话，以理服人。不要用烦躁、冷淡、嘲讽和傲慢的语调同别人说话。语音有高有低，语调有轻有重，从而形成不同的语气。态度和气，讲话的语气就温和亲切，既清楚明白，又不粗鲁刺耳，使人觉得很舒服。同样内容的话，用不同的语气来说，效果就大不一样。比如向人家问路，要是和气地说："师傅，请问到某某厂怎么走?"人家就会高兴地告诉你。有了和气的态度，语气就比较温和，用词也文明礼貌，人家感到你很尊重他，你的话人家就乐于接受。粗鲁的态度使语气强硬，用词不文明，本来是正确的话语，也因为态度不好，使人反感，往往把事情办糟。和气，还要求和别人谈话时，要谦逊，尊重对方，多用商量讨论的口吻说话，不盛气凌人，不说大话，要有自知之明。

讲理，是对讲话内容的要求，与人交际要讲道理。在人际交往中，说话要实事求是，服从真理，坚持对的，改正错的。不强词夺理，不无理取闹。日常生活中，交际双方难免会遇到一些不愉快的小事，说话讲理的，别人乐于接受，易于通融。说话不讲理的，往往会惹是生非，带来不必要的麻烦。比如上公共汽车踩了别人的脚，或者碰了别人的东西，说声"对不起"，主动承认自己不慎，人家就乐于谅解。要是反过来不顾事实，责怪别人"脚放得不是地方"，"东西为什么乱摆"，那就是无理取闹。有时候，人们的认识有分歧，双方可以通过摆事实，讲道理，逐步求同存异、统一认识。在正常的争论过程中，一定要实事求是，遵守社会公德，千万不能胡搅蛮缠，为自己无理的观点编造理由。

文雅，是指与人谈话要讲文明有礼貌，谈吐不俗，不说粗话、脏话，用词造句要得体，用语要文雅。如要求别人做什么事情，应该用请求的口吻，选用"请""麻烦""希望"等词语，不要随便使用命令式的口气，别人给你办好了什么事情，应该说"谢谢"，碰到误会或不愉快的事，要说"对不起""请原谅"；招呼别人应分别用"老大爷""老大娘""同志”“师傅”“小朋友”等礼貌称呼。文雅还有另一层意思，就是说话时的姿态要文雅，不做鬼脸，不现丑相。

三、语言美的魅力

前面说过，在现实生活中，语言每时每刻都在发挥着巨大的作用。高尚优美的语言更有巨大的魅力。

首先，高尚优美的语言能美化风气，协调人与人之间的关系，有利于社会进步。在社会交往中，大家如果都能自觉注意语言修养，互相尊重，互相关心，人与人之间就能经常处在和谐、宽松、心情舒畅的气氛中，社会风气就是美好的。正像一位诗人说的那样：“如果每个人说话时带上可爱的微笑，那么，生活将是无法形容的美好。”相反，粗鄙恶俗的措辞，丑陋不洁的秽语，势必污染社会环境，恶化社会风气，破坏人与人之间的友好关系，既不利于社会安定团结，也无助于个人修养的提高。日常生活中，因为语言粗暴恶俗，引起不必要的误会，发生争吵、打斗以致伤害人命的也是常有的。下面举两个例子。

一个是北京王府井百货大楼营业员张秉贵同志，他不仅是全国劳动模范，还是一位语言大师。他有一个信条，“让顾客满意就是我们的幸福”，他的一言一行都体现着对顾客的尊重。有了尊重就有了好的态度，就有了文雅和气的礼貌语言。多少年来，他总是“请”字当头，“您”字当先，人多忙不过来时，他“请您稍等一会儿”，热门货卖完了，他从不生硬地把顾客赶走，而是说“对不起”，请求顾客谅解。他的这一系列礼貌用语，给顾客带来美的感受，使人觉得心情舒畅，社会美好。顾客到他那里买东西，总是笑嘻嘻地走来，乐呵呵地离去。

相反，有的营业员常常用语粗俗无礼，甚至恶语伤人。同样在北京，曾发生过营业员以粗暴无礼的话语气死一位老年顾客的事。那位老年顾客请营业员多拿几件商品来挑拣，营业员忙于应付其他顾客，随便说了一句："你没长眼睛？我忙不过来，你急什么？"这是一气。等到营业员给拿了几件商品，老年顾客正在精心挑选的时候，那个营业员不耐烦了，大声嚷："你的眼睛瞎了，货色都一样，挑什么，别挑花了眼!"这是二气。见此情况，老年顾客生气地说："真没见过你这样的营业员。"那营业员一听，便回敬一句："没有见过你这样的顾客!"这是三气。恰巧这位老年顾客有心脏病，在这三气之下，旧病复发，活活气死了。

这两个例子说明语言是否文明礼貌，美与不美，效果大不一样。一个是"良言美语暖人心"，一个是"恶语伤人恨难消"，甚至恶语致人丧命。由此可见语言美的重要了。

其次，语言的艺术美，能使人的知识、修养、才能、个性得到美的传达。语言能把内在的心灵化为外在的感情，把精神外化为感性的可感物。语言艺术美就是以语言为艺术材料，经过艺术加工的一种艺术美。它诉诸听觉以感耳，取悦视觉以悦目，作用于心灵以动情，经过这几方面的综合作用，以完成审美全过程。

晋代文人谢安在寒冬的一天与晚辈讲文论义，一会儿大雪纷飞，谢安兴致一来问道：这纷飞的白雪可比作什么呢?侄子谢朗说：就像天空撒下白盐一样。侄女谢道韫说："不若比作柳絮因风满天飞舞。"谢安非常欣赏。她的语言显出了才女的韵味。

《世说新语》载，顾长康从会稽还，人问山川之美，顾云："千岩竞秀，万壑争流，草木葱茏其上，若云霞蔚。"这是文人学士的语言美。一个素不相识的人来访，也许这个人其貌不扬，给你的第一印象并不怎么好。但是，当他礼貌周到地请教你之后，经过一席谈话，从语言的流畅到含蓄深刻，从精当的措辞到严密的逻辑，从修辞的技巧到谈话得体，你会感到他的语言似"行云流水，明丽天成"，对他的印象很快就得到改变，觉得这个来访者学问渊博，和蔼可亲，油然而生敬意。这正是以语言美弥补了外貌的缺陷。所以，不论谈话、写文章，一定要做到思维清晰，用词造句准确、优美，充分发挥语言美的魅力。

最后，语言的艺术美能给人提供美的享受。表达同一个内容，选用不同的语言，其效果也各不相同。内容平淡的情意经过语言艺术加工，妙用修辞手段进行艺术处理，则能生色增辉，新颖生动，耐人咀嚼，焕发出艺术魅力。

例如，毛泽东同志在《改造我们的学习》中引用的一副对联：

墙上芦苇，头重脚轻根底浅；

山间竹笋，嘴尖皮厚腹中空。

把两个内容相似、结构相同、字数相等的分句排列在一起，形成了形式整齐、节奏分明、意思映衬的对偶句，这种对偶产生的整齐匀称美，给人以美的享受。

陶铸在《松树的风格》中写道：

狂风吹不倒它，洪水淹不没它，严寒冻不死它，干旱旱不坏它。

这四个结构相似的句子排列在一起组成排比句，突出表现了具有松树风格的人的毅力和决心，同时增强了语言的气势，造成结构形式的整齐美，收到强烈的艺术语言效果。

南唐李后主在《虞美人》词中写道：

问君能有几多愁？恰似一江春水向东流。

妙笔生花，用借景抒情、感情移入的手法，来表现“愁”。本来是自己的事，却反问道：您的忧愁究竟有多少呢?回答是：正像向东流去的满江春水那么多，日也流，夜也流，千年万世都在流。抽象的主观情绪，通过妙用设问、夸张、比喻等修辞手法，借助具体的客观事物“一江春水”，变得具体形象了。这就赋予诗的语言一种具体形象美。

宋朝诗人王安石《泊船瓜洲》中的著名绝句：

京口瓜洲一水间，钟山只隔数重山。

春风又绿江南岸，明月何时照我还？

其中春风又绿江南岸中的“绿”字用得多么美。这个“绿”字不但把江南的秀丽景色点了出来，而且把令人陶醉的习习春风也画活了！当我们反复吟诵它时，脑海里就会自然浮现出一幅江南春早的画面，在画面中伫立着一位思归的诗人形象。这画面和形象，就会引起读者的美感，使读者得到语言美的享受。

第三节　青年学生行为美

一、行为美的本质

行为，是人的心理过程的外部表现。它是人脑活动的产物，是在人的思想支配、指导下产生的动作。人的行为有以下特征：①行为有目的性。行为的产生都是有原因、有目的的，无目的的行为实际上是不存在的。②行为有持久性和可变性，目标没有达到之前，行为不会终止。人们由于知识的增长，经验的积累，也在不断改变自己的行为模式和生活方式，使之适应社会发展的要求。③行为有社会性。人的行为是社会化的产物，一个人的某种行为是否能表现，怎样表现，都要受到社会的影响和制约。

不同时代的人或同一时代不同的人其行为的具体表现是不同的，这是由影响行为的因素造成的。如内在因素有身体因素、情绪因素、气质因素、性格因素和思想因素。外在因素有自然环境、社会环境和文化环境。

行为美，就是人的行为动作之美，是指人的举止行动、姿态风度和生活作风的美。行为美是道德规范和审美规范在人们日常行为方式中的一种外在表现。如为国捐躯、见义勇为、助人为乐、爱护公物、敬老爱幼、礼貌待人都是美的行为。

行为美和心灵美是紧密联系在一起的。行为美是评判心灵美的标尺，人们的行为是受思想支配的，思想是行为的内部动因。具有先进思想和高尚道德的人，行为肯定是有益社会、有益人民的。

行为美是社会美的一个重要组成部分。社会的主体是人，人通过自己的行为参与、构成并表现社会关系，从而具有独特的社会意义。当人的行为符合历史发展的要求，能充分体现先进的社会关系，能推动历史前进，能显出人类前进的积极向上的本质力量时，都是美的行为。不同时代，不同阶级，对人的行为美有不同的要求。社会主义现代化建设的今天，人生的价值在于创造高度的物质文明和精神文明，一切创造这两个文明并符合美的规律的行为都是美的。这就是衡量行为美的标准。

二、行为美的主要形式

人的行为美是多种多样的，行为美的表现形式也是多方面的。主要有：

其一，为忧国忧民而献身的"壮行"美。它包括为国家为民族而献身的行为，为人民为革命而奋战的行为和为真理为正义而斗争的行为。宋代民族英雄文天祥战败之后，面对敌人的劝降和逼供，断然拒绝威胁和利诱，挥笔写下了"人生自古谁无死，留取丹心照汗青"的千古名言，表现了他不屈不挠的斗争精神和大义凛然的民族气节。革命战争年代，许许多多共产党人为人民的利益、为革命事业艰苦奋斗，前赴后继，抛头颅、洒热血的行为更是值得赞美的行为。共产党员夏明翰在就义时留下了不朽遗言："砍头不要紧，只要主义真，杀了夏明翰，自有后来人。"这一字一句用鲜血谱写的诗篇，充分表现了烈士坚贞的操守、崇高的人格以及对共产主义信仰毫不动摇的行为美。

其二，符合道德规范要求的"德行"美（道德行为美）。道德是通过人的行为表现出来的，执着的道德追求，表现出人的行为美，道德败坏使人的行为堕落。荀子说过："礼修而行成。"将人的行为与道德关系揭示得深刻之至。凡是符合道德要求的行为，都是美的行为。诸如助人为乐、拾金不昧、见义勇为等。

其三，益于社会，利于他人的"善行"美。古人说："志善者忘恶”。意思是说，想要从善的人不会有坏的行为。“善行”就是指美的行为。三国时的刘备临终前告诫他的儿子刘禅说：“勿以恶小而为之，勿以善小而不为。”意思是说，坏事即使微小也绝对不要干，好事即使细微也一定要做。人们在社会活动中，不论是重大行为，还是细小的行为，当他体现出“真实的善”的目的性时，它就显示出美。人的一举一动，只要对社会有益，对他人有利，就是“善”的行为。

三、自觉地创造行为美

行为美是社会美的重要组成部分。提倡行为美是建设精神文明的一个重要方面。它有助于社会进步，有助于合格人才的培养，有助于良好社会风尚的形成。1982年全国开展的“五讲四美三热爱”活动，对行为美提出了明确要求：做一个有益于人民、有益于社会的人，做到勤劳、友爱、守纪，不损害集体利益，不破坏公共财物，不危害社会秩序。国家教委制定的大学生行为准则和中等专业学校学生行为准则，对青年学生的行为提出了明确要求，诸如维护祖国的利益，遵纪守法，坚持集体主义，加强个人品德修养，勤奋学习，刻苦钻研，维护公共秩序、教学秩序，遵守学习纪律，爱护公共财物等，就是青年学生都应当自觉遵守的行为美的具体标准。

青年的行为和青年的生理、心理特点一样，正处在一个迅速发展又不完全成熟的过程之中，其特征是行为模式趋向稳定而又不完全稳定。主动性强、节奏快、周期短，选择上有灵活性和多样性、有创新性和开放性，这是其优点。但同时也有盲动性、爆发性、偶发性、多样性等弱点。人类的行为是后天学得的，所以是可变的，每个青年学生都应当根据社会和人民对自己的要求，努力追求自己的行为美。

第一，要塑造美的心灵。心灵美是人的美的本质所在。行为既然是在人的思想支配、指导下产生的，那么，首先要有美的思想、情操，才会有美的行为。因此，要努力加强思想品德修养，树立正确的世界观和人生观；要树立国家集体利益高于一切的思想，个人利益服从国家利益；要刻苦学习文化科学知识，提高识别能力；要积极、主动参加各种社会实践，在社会实践的熔炉中锻炼自己，不断完善自己的心理素质。

第二，要提高道德修养，自觉运用社会主义道德标准规范自己的行为。道德是调整人们相互关系的行为规范的总和，道德既是善恶标准又是行为准则，它依靠教育、社会舆论和内心信念来促使人们扬善抑恶，把人的行为纳入社会秩序范围内。所以，要自觉提高道德修养，自觉地把自己的行为纳入社会主义道德规范的要求。

第三，增强法纪观念。国有国法，校有校纪，厂有厂规，这些都是人们的社会生活和社会交往以及劳动生产中不可缺少的行为规范。它是反映全社会或一定团体的共同利益的，是社会主义事业胜利的保证。

制度规范人们的行为，使人们的社会生活纳入一定轨道，维护正常的社会秩序，从而保证社会生活正常运行。制度还调节人与人之间的相互关系，巩固社会的安定团结，所以，我们要自觉遵守各种制度，做遵纪守法的模范，自觉用制度来约束自己的行为。

第四，提高自我控制行为的能力。自我控制是依靠自我信念的力量来约束自己的行为，依靠意志和理智力量来克制和约束自己的行为，使其规范化。因此，要通过自我教育、自我修养，达到自我完善的目的。

复习思考题

1.人物美的构成因素有哪些?内在美与外在美在人物美中的地位和关系是什么?

2.对语言美的要求是什么?

3.怎样培养风度美?

4.怎样才能做到行为美?

第四章　青年学生审美素质的培养

走进新时代的中国人民，正在把社会主义现代化建设的美好蓝图变为现实。随着物质文明和精神文明建设的深入开展，人们的审美活动也日益丰富，自觉培养审美素质，确立科学的审美观念和审美情趣，提高对美的鉴别能力、欣赏能力和创造能力，陶冶情操，美化人格，对于建设新世纪的青年一代具有十分重要的意义。

什么是审美素质呢?简单地说，审美素质是指人们所具有的欣赏美、鉴别美、创造美的能力及其在审美过程中所表现出来的精神风貌。审美素质的高低要受历史的和现实的诸多因素的影响，其中，政治思想、道德品格、文化修养是影响审美素质的三个重要因素。因而，正确认识政治思想与审美素质、道德品格与审美素质、文化修养与审美素质的关系，是提高审美素质的基本要求。

第一节　政治思想与审美素质

人类的审美活动总是历史地具体地存在于一定的社会生活中，与一定的社会形态和政治思想相联系。审美素质首先受政治思想的影响，政治思想决定着人们的审美情操和审美趣味。

一、政治思想对审美素质的影响

1.政治变革、政治理想影响和制约着审美观念的形成

审美活动是受审美意识支配的，审美意识则受时代和阶级的影响，处于不同时代、不同阶段的政治思想和政治理想，决定着该时代人们的审美观念和审美理想。例如，1911 年的辛亥革命是一场反封建的资产阶级革命，拥护资产阶级共和制，赞成革命和变革，是革命派的政治理想，随之便有革命派的审美理想。反之，不拥护革命，守旧、忠君便是保皇派的审美理想。这种斗争十分明显地体现在男子剪发和留辫子这一形象打扮上，凡是革命派就剪掉象征着清王朝的脑后长辫子，而那些保皇派则宁可断头却要留辫子，有的人则随着政治气候的变化，把辫子盘上又放下，放下又盘上。鲁迅的小说《风波》曾对这一情景作过生动的描绘。它足以说明政治变革、政治理想影响和制约着审美观念的形成。

2.政治素质对审美趣味的影响是通过人生观起作用的

不同阶级的人对人生的目的有不同的理解，从而形成不同的人生追求。法国小说家雨果的人生观的核心是资产阶级人道主义，因而他的政治理想就是用资产阶级的“博爱”去改造社会，他的长篇名著《悲惨世界》中的人物形象冉阿让，便是他的审美理想的化身。自从冉阿让的灵魂被神父感化之后，他处处用爱对待一切，希望用他的爱和善感化人类的罪行，而最后他的行动竟然也真的使一直追踪他的警察沙威感到无地自容而自杀。实际生活中这种抽象的博爱是不可能有如此巨大力量的。在冉阿让这个形象身上，体现了雨果的道德理想与审美理想在资产阶级人道主义基础上的统一，这种统一也正体现了雨果人生观的局限性。

由于政治理想与审美理想的这种内在联系，历来人们所描绘的政治理想都是美的境界。古代东晋时期陶渊明笔下的“桃花源”是一个宁静

安谧的世外桃源，那个很美的境界正是陶渊明所向往的社会，表达了他的政治理想。革命烈士方志敏在狱中深情描绘的理想图画则是另一番美景，“到那时，到处都是活跃的创造，到处都是日新月异的进步，欢乐将代替了悲叹，笑脸将代替了哭脸，富裕将代替了贫穷，健康将代替了死之悲哀，明媚的花园将代替了凄凉的荒地”。这一幅绚丽的政治理想图画，同样也是审美理想的图画，审美追求则全然孕育在政治追求之中了。

政治理想与审美理想这种统一的关系，要求一切有美好追求的人，都应具有崇高而远大的政治理想。高尔基说过：一个人追求的目标越高，他的才能就发展得越快，对社会就越有益。自古以来，一切有所作为的人，都是有远大理想和抱负的人，他们为民族的兴旺，社会的进步做出了贡献，一切伟大的文学家、艺术家首先是伟大的思想家，在他们不朽的艺术作品中，闪现着崇高的政治追求。

总之，体现审美趣味的审美理想与体现政治素质的政治理想是密切相关的。政治理想规定和制约着审美理想，审美理想体现和反映了政治理想的美好内涵，两者和谐地统一在人们的审美实践中。

二、审美过程中应具备的政治素质

审美随着人们的社会实践产生，并成为塑造完善人格、提高人的素质的必要条件。在我国社会主义初级阶段，要求作为审美主体的人，必须用科学的世界观武装自己，学习和掌握马列主义、毛泽东思想和邓小平理论，确立马克思主义审美观。这是我们在审美过程中应具备的政治素质。具体地讲：

1.树立生产实践是产生美的事物、形成和发展审美能力的根源的观点

马克思说，“人在生产中只能像自然本身那样发挥作用，就是说只能改变物质的形态”，“在劳动过程中，人的活动借助劳动资料使劳动对象发生预定的变化，过程消失在产品中。它的产品是使用价值，是经过

形式变化而适合人的需要的自然物质。”他还说：“人通过自己的活动按照对自己有用的方式来改变自然物质的形态。例如用木头做桌子，木头的形状就改变了。可是桌子就是木头，还是一个普通的可感觉的物。”物通过劳动而被从外面赋予形式。就物质生产领域来看，应该说，“劳动创造了美”。美都是在实现人的目的、满足人的需要的基础上令人愉快、令人悦目的形式。正如高尔基所说：“艺术的创造，人是陶工、铁匠、金匠、男女织工，油漆匠、男女裁缝，一般地说是手艺匠，这些人的精巧的作品使我们悦目，它们摆满了博物馆。”

人们最初是从有用的观点对待事物的，后来才以审美的态度对待事物，使用价值是先于审美价值的。原始狩猎民族把动物的皮毛、牙齿和羽毛等作为装饰，在最初只是作为勇敢、灵巧和有力的标记而佩带的，它表现了佩带者所具有的品质和愿望。“一定的东西在原始人眼中一旦获得了某种审美价值之后，他就力求仅仅为了这一价值去获得这些东西，而忘掉这些价值的来源，甚至连想都不想一下。当这个部落之间的交换开始了，装饰品就成为最主要的交换品之一。”美成为人们满足精神需要的东西。

作为审美对象的颜色和形式是对象本身的自然属性，但它的自然属性之所以具有审美意义，是与社会生活联系着的。人们为了满足自身的需要，首先关心的是产品的使用价值，即物质生活的需要，然后进一步关心产品的审美价值，以满足精神生活的需要。所以美既是劳动创造的一种产品对象，又是扩展人的创造才智的精神食粮。我们认识了美与实践、美与劳动的这种关系，就应该积极投身于各种劳动实践活动中，努力创造美好的生活、美好的事业，开创美好的未来。

2.认识审美功利性的特征，树立建设有中国特色社会主义的政治理想和审美理想

俄国马克思主义文艺理论家普列汉诺夫说：“从历史上看，以有意

识的功利观点来看待事物，往往是先于以审美的观点来看待事物的。”不少的事实可以说明这一点。几乎任何地方的野蛮人都用油脂或者某些植物的液汁甚至泥土涂抹身体，这种习俗在原始人的化妆方面起了巨大作用。但是它的起源是什么呢?霍屯督人用一种叫作“布胡”的芳香植物的汁液涂抹身体，目的是为了保护自己免受昆虫的侵害。巴西印第安人有用彩色黏土涂抹身体的习俗，最初一定是发现黏土可以使皮肤清洁并避免蚊子叮咬，只是后来他们才注意到身体被涂抹以后可以变得美丽。所以当人们开始具有审美感受的时候，这种功利性首先表现为直接的物质实用性。除了这种直接的物质实用性，还有社会功利的象征性。现在，人们在评价原始社会的粉陶工艺时，习惯于说他们形式美的法则运用得好，几何纹的抽象手段又是怎么高明，似乎原始人在欣赏他们的美的制作品时，与功利和意图无关。

事实上，原始人所以在粉陶上画那么多的漩涡纹，是对云和水等自然现象的崇敬或恐惧心理的反映，是原始宗教巫术的一个侧面表述，同时也体现出一种征服自然、驾驭自然的意志和力量，其社会功利的象征意义往往高于审美的价值。直到现在，这种社会精神的象征意义还大量地存在于工艺美术中，如谷穗、蜜蜂、灯笼的图案为“五谷丰登”，月季花与瓶的图案为“四季平安”，鸳鸯被象征为“夫妻恩爱，白头到老”，喜鹊和梅花喻为“喜上眉梢”，喜鹊、豹子、花瓶、鹌鹑组合成“喜报平安”等等。

所有这些实用性的表述，都证明审美正如鲁迅所说：“享受着美的时候，虽然几乎并不想到功利，但可由科学的分析而被发现。所以美的享乐的特殊性，即在直接性，然而美的愉悦的根底里，倘不伏着功用，那事物也就不见得美了。”

可见，审美感受既具有直觉性，又具有功利性。因此，当代青年在进行美的欣赏和美的创造时，一定要接受正确的、科学的世界观的指导，要在马列主义、毛泽东思想、邓小平理论、“三个代表”重要思想和科学发展观指引下，确立建设有中国特色社会主义的共同理想，为把我国建设成为富强、民主、文明的社会主义现代化国家贡献自己的青春。

第二节 道德品格与审美素质

一、道德品格对审美素质的影响

道德的高尚或低下，在很大意义上与美丑十分相关，道德素质决定制约着审美趣味。道德素质对审美趣味的这种作用体现在三个方面。

1.美的意蕴根源于道德

在道德和美产生之初，人类生活在远古的大自然的怀抱中，面对洪水猛兽、酷暑干旱、风暴雪雨，为了争取生存和温饱，斗争是很危险的。必须勇敢，才能战胜和猎获野兽；必须勤劳，才能耕种和得到收成；必须顽强坚毅，才能忍受苦难和贫乏。正是这种精神帮助人类征服了自然，走出了黑暗而又漫长的年代。于是这种勇敢、智慧、热情、勤劳、坚毅，就被认为是人类优秀的道德品质。在产生这种道德的同时，人类逐渐地也具有了“感受形式美的眼睛”，以及“欣赏音乐的耳朵”，美也就产生了。这种感受形式美的能力以及形式美的产生，最初是与人类征服自然过程中的生产功利和道德功利分不开的。那光滑的尖角石器，不仅因其锋利可以打击敌人，而且也是自己勤劳、勇敢的标志，使人喜悦，使人感受到美。所以审美价值的产生晚于功利价值，美的意蕴根源于劳动，根源于道德。

美所包含的道德意蕴在艺术美中表现得尤其明显。19世纪德国美学家黑格尔曾经谈到艺术美的内涵，他说：“遇到一件艺术作品，我们首先见到的是它直接呈现给我们的东西，然后再追究它的意蕴或内容。”这就是说，我们欣赏一件艺术品，虽然首先接触的是形式，却不会仅仅停留于形式，还要进一步欣赏其内在的意蕴，而这种内在的意蕴往往与道德不可分，是道德意识的作用。

正是因为道德与美的这种关系，历代的思想家才把艺术作为进行道德教育的工具。我国最早的一部音乐作品《乐记》有这样的记载："乐者，道伦理者也"，"乐者，德之华也"。意思是说，音乐与道德伦理是相通的，而且是德行的精华。孔子也说："兴于诗，立于礼，成于乐。"他把社会道德礼义的形成归于音乐教育。西方虽然不如我国那样强调艺术的道德训诫，但可以明显地感到优秀艺术作品中崇高的道德启示。希腊著名悲剧《被缚的普罗米修斯》所表现的普罗米修斯把火种偷给人间，让人类从此兴旺发达，而他宁愿受苦一万年也不向宙斯投降的英雄气概，数千年来一直激励着人们。由此可见，艺术形象激动人心的是道德的力量。

2.审美情感来源于道德情感

道德作为特定的社会意识形态，是人们按照各自道德的观念处理人与人之间的相互关系，并作为评价某种行为的是、非、善、恶的依据。对于自己认为善的和正义的行为，便为之同情和颂扬，对于自己认为恶的和非正义的行为，则必然厌恶并加以谴责，这就是道德情感的反映。是否具有这种道德情感是大不一样的。有了它，道德就不只是一种不得不遵守的道义的约束，而成为一种自觉的行动，以遵守道德信条为美，以不遵守道德信条为丑。这样，道德情感就转化为审美情感。比如乘公共汽车必须买票，是人们应遵守的社会公德。如果某人想的是不买票查出来要罚款，那是一种经济的约束力，是被动的。如果认为买票是自觉遵守社会纪律，是光荣美好的行为，不买票是可耻的丑恶的行为，那他就处在一种审美境界中了，他的行为就自觉了。道德的力量一旦能与审美情感结合起来，就能成为一种道德意志，进而成为道德行为，道德与美就融为一体了。

审美情感与道德情感的这种依存关系，对于以社会和社会生活为对象的艺术作品来说，则更为明显。对于一个人的行为所进行的审美评价，也就是对他道德善恶的一种鉴别。例如，悲剧往往以形象的手段，从悲剧主人公的不幸遭遇达到这种审美情感，颂善贬恶，伸张正义，用道德情感陶冶观众的心灵。

我国元朝伟大的剧作家关汉卿的《窦娥冤》所达到的悲剧效果，其内涵实质是一种道德的评判。女主人公窦娥遭坏人张驴儿诬告，在公堂受尽皮肉之苦。赃官看窦娥不招，便毒打她婆婆，窦娥不忍婆婆受苦，被逼屈招，在赴刑场时悲愤地唱出了："怎不将天地也生埋怨……为善的受贫穷更命短，造恶的享富贵又寿延……地也，你不分好歹何为地?天也，你错勘贤愚枉做天!"《窦娥冤》所表现的就是特定历史条件下善与恶的斗争，道德情感通过悲剧典型形象得以宣泄。审美对象由于植根于善与恶的社会生活之中，因而具有震撼人心的力量。

3.道德外在形式的审美意义

道德的外在形式指具有道德意义的动作、姿态、言语、表情等。这些外在形式，在某一民族，某一阶级，某一社会阶层的内部历史地形成某一固定的模式时，就会经常与它们所表现的内在道德价值联系在一起，在人们的心理上呈现出某种情感色彩，因而对人们也具有了审美价值。我国藏族和部分蒙古族人民有献哈达的习俗，从献洁白哈达这一形式中，我们不仅可以感受到表示敬意的内在道德含义，而且这本身还是一种美的形式，可以吸收为舞蹈语言。

道德行为的外部形式，是在一定物质生活条件基础上和一定时代精神影响下形成的。不同的社会反映出人们不同的阶级关系，而且有历史的继承性。如一些礼节的起源，是与当时一定的生产、巫术或其他实际目的相联系的，后者则渐渐失去其本来意义，成为人们在社会交际中表达某种感情的惯用的方式。原始时期，两个生人见面伸开手掌以示手里没有任何可以进行突然袭击的武器，然后两手握在一起表示友好，演变到今天，则是表示善意和问候。握手礼所以能历时数千年，通行全世界，正是由于外在形式的道德行为具有审美意义。问好，本来是善意的行为，如果态度粗鲁，厉声厉色，就不能给人以美的情感。同是一个问候语“您好”，如果说话时面带真诚的微笑就会引起美感，给人一种愉悦。由于外在动作的姿态、表情等具有美学意义，所以在提倡“心灵美”的同时，还要求“语言美”和“行为美”。

从以上分析，我们可以清楚地知道，道德是否高尚，直接关系到美与丑。因此，青年学生要把自己对美的追求的愿望化作塑造自己道德美和情操美的动力，这样才能成为表里如一，内秀外美的人。

二、审美过程中应具备的道德素质

简单地说，道德素质就是高尚完善的道德修养。英国哲学家培根说过：“美德好比宝石，无须装饰，也极瑰丽。”美德作为社会意识，在不同社会，不同时期，对不同的人有不同的内容。在文艺复兴时期的欧洲，人们把“人性”“理性”看作人的美德。美国科学家富兰克林的美德标准则是节制、沉静、严谨、果断、节俭、勤奋、诚实、公正、大度、整洁、沉着、廉洁、谦虚等。那么，21世纪的中国青年应该具有哪些美德呢？总的来说，社会主义核心价值观就是当代青年应该遵守的行为准则。具体地说，这些行为准则主要包括爱国、正直、诚实、谦虚、勤劳、友爱和遵纪守法等。

1.爱国

爱国是指对于社会主义祖国的忠诚和热爱。它是人们长期以来形成的对自己祖国的一种深厚的感情。列宁指出：“爱国主义是千百年来固定下来的对自己的祖国的一种最深厚的感情。”爱国主义既是重要的政治原则和道德规范，又是中华民族的优良传统，是当代青年必须具备的美德。

中华民族的爱国热情，不仅表现在对祖国的山河、民族、文化、历史的热爱，而且表现为崇高的民族自尊心、自信心和为祖国独立富强的强烈责任感和英勇献身精神。祖国这个神圣而崇高的字眼，古往今来，有不可计数的人为之讴歌，为之献身，他们的事迹可歌可泣，他们的精神光照千秋。

时代赋予当代青年的历史使命就是振兴中华。一切为振兴中华增添光彩的青年，无疑是爱国主义者。今天，爱国主义与热爱中国共产党、热爱社会主义是不可分的。这是因为“没有共产党就没有新中国”的结论是经过无数革命先烈和爱国志士用鲜血换来的，是经过血与火的洗礼得出的科学真理。青年的爱国热情只有融于爱党、爱社会主义的深厚情感之中，青春才是绚丽壮美的。

2.正直和诚实

正直和诚实是我们祖先留给后人的传统美德。在今天，我们所要求的正直和诚实是指公正无私，实事求是，坚持真理，主持正义等。

公正无私表现一个人的高贵品质，它要求青年待人处事要光明磊落，胸怀坦荡，尤其在原则问题上要做到旗帜鲜明，立场坚定，决不能口是心非，阳奉阴违，更不能两面三刀。

实事求是是要求青年人做老实人，说老实话，办老实事，表里如一，言行一致。

老一辈无产阶级革命家陈毅、彭德怀等同志是公正、诚实的典范。他们不畏邪、重真理、斗邪恶，在原则问题上不动摇，在复杂矛盾面前不回避，敢于同一切不正之风做斗争。我们青年应向他们学习，做正直无私、实事求是的一代新人。

3.谦虚、勤劳、友爱

谦虚、勤劳、友爱是中华民族的传统美德。谦虚就是虚怀若谷，胸襟坦荡，不自以为是，不盛气凌人。伟大的无产阶级政治家周恩来同志一向为人谦虚，平易近人，待人彬彬有礼，即使在理发的时候也礼貌地称理发师为师傅。周恩来同志的谦虚精神很值得我们学习。

“劳动创造世界”是人人皆知的真理，然而自从人类进入阶级社会以来，不同的阶级对待劳动的态度差异很大，在一切剥削阶级看来，劳动是“下等人”干的，劳动是“耻辱”，在无产阶级看来，劳动是光荣的，不劳而获是可耻的，劳动是人的美德。我们青年学生要树立正确的劳动观，继承和珍惜中华民族的这一美德，用勤劳的双手，为祖国出力，为中华争光。

友爱是同志、朋友之间的一种珍贵的情谊，是人类优美的感情之一。在人的一生中，友爱可以成为鼓舞人们前进的力量。青年学生要为远大理想而奋斗，朋友的鼓励，同志的支持，互相之间的帮助，可以使你警觉、奋发，使你欣慰、快乐，使你勇往直前。

4.遵纪守法

严明的法纪，是事业胜利的保证，是保障人们正常学习、工作、生活的重要条件。一个社会，不能没有纪律，也不能没有法律。遵纪守法应成为青年的行为准则。

遵纪守法与文明礼貌相联系。一个国家的文明礼貌程度标志着这个国家的进步程度。青年学生担负着建设未来的任务，不仅要成为遵纪守法的模范，而且要懂礼貌讲文明，创造更新更高的行为美、道德美，成为爱国、敬业、诚实、谦虚、勤劳、友爱、遵纪守法的一代新人。

第三节　文化修养与审美素质

从广义上讲，审美是一种文化活动和文化现象。美的发展历程渗透着人类文化发展的历史，离开文化的发展，人们审美意识的发展是不可能实现的。就个别的审美过程而言，无论是在对美的认识、感觉阶段，还是对美的欣赏、创造阶段，审美个体的文化修养都具有十分重要的作用，离开文化修养谈审美素质同样是不现实的。可以说，文化修养是个体审美素质中最基本的因素。青年学生要想提高自己的审美素质，就必须努力学习科学文化知识，以提高自己的文化修养。

一、文化修养是审美的基础

1.从审美的认识判断过程看文化修养与审美

进行美的欣赏和创作时，从具体的美的事物到欣赏者的情感，或从艺术家的情感到美的事物，这中间的环节是什么呢，是美的事物的形象和形式，即审美情感的激发是以对美的事物的形式、形象的感觉、知觉为前提的。

美感活动突出地体现在情景交融的艺术境界之上。艺术家在进行艺术创作时，以景物描写来抒发情感，人们在艺术欣赏时，从景物描写中感受到艺术家的情感体验。如元朝散曲家马致远的《秋思》小令："枯藤老树昏鸦，小桥流水人家，古道西风瘦马。夕阳西下，断肠人在天涯。"通篇都在写景，并无秋思字样，却通篇都在写秋思，含蓄委婉地表达了作者的情感，这就是用景物描写来抒发自己的感情，而读者也能从景物描写的感知中体会到这种感情。此小令共写了十件事物一个人：枯藤、老树、昏鸦、小桥、流水、人家、古道、西风、瘦马、夕阳，以及一个断肠人。通过这些具体事物的描写，诱发了读者的想象，使人们仿佛看见了一幅充满苍凉气氛的《秋暮羁旅图》。在这幅图画中通过事物的色调和形体，我们感受到了这个游子多愁善感的思乡之情，从而体会到作者的"秋思"，进而引起情感的共鸣。

由于审美情感的获得是以对审美对象的感觉和知觉为基础，因此，审美情感的获得也就与被欣赏的事物的形式有着密切的联系，这在造型艺术中尤为明显。唐朝书法家颜真卿的笔墨使人感觉深厚、开朗；宋朝书法家欧阳修的笔墨使人感觉峭拔、严谨。同是北京故宫的殿堂建筑，天安门显得稳重而开阔，午门却给人以压抑和沉闷之感。为什么这些抽象的形式会激起主体的审美情感，使之产生如上的审美认识呢?这是因为人在审美时头脑要进行思维，审美的过程是充分运用美感经验、美的概念、美的理想进行思考判断的过程。美感经验和文化知识都直接参与美感。

审美过程的认识判断，即鉴赏判断，它采用形象思维方式，与逻辑思维的概念、判断、推理的方式不同。形象思维的主要特点是在理性认识中不抛弃能够表现本质的感性材料，以形象形式从整体把握现实。因此，文学创作的整个过程，是本质化和个性化同时进行的。这里的本质就是主体对社会、对自然的认识，是主体文化修养的反映。

从以上对审美认识判断过程的阐述中，我们可以看出审美经验、知识、文化修养是审美的基础。

2.从美感中的情感活动看文化修养的作用

美感中的情感活动是鲜明而有特色的。美感中的情感活动与一般的情感活动都必须以认识判断为基础，这一点是共同的。当然，人们对事物有了认识，但不一定产生情感。如认识物体的热胀冷缩后并不同时有情感活动，只有当某一事物某一人物与你有利害关系并为你所认识时，才能产生这样或那样的情感，即主观态度。所以说，情感活动不可能离开认识，世界上不存在没有认识活动的情感表现。人们对现实的主观态度叫作情感评价。情感也是反映现实的一种形式，只不过它不像思维那样直接反映现实的本质，而通过直接反映现实与人们利害的客观关系达到间接地反映现实。情感一般分为肯定的和否定的两大类。快乐和痛苦，热爱和仇恨，赞叹和鄙视，自豪和卑微，激愤和恐怖等等，分别属于积极的肯定的情感和否定的情感的不同表现形式。

文化修养泛指人类正确认识自然和社会所具备的文化知识和才能，包括理论知识和实践经验两个方面。它反映了个人的文化和道德素质。所谓美感中情感活动的认识判断，就是建立在文化修养的基础之上的。

美感中的情感活动以形象思维为认识依据，即美感中的不同的情感表现与形象相联系。譬如长篇小说《李自成》描绘的昏聩的庸君崇祯的形象，使人产生激愤、仇恨的审美情感；而诗歌中刻画的“人生自古谁无死，留取丹心照汗青”的民族英雄文天祥的形象，却使人敬爱，赞叹不已。

这不同的情感是通过体验表现出来的。没有对生活的体验，没有生活经验的积累就不可能产生情感的评价。很难想象，一个对国家的前途和民族的兴衰毫不关心的人，会对文天祥表示赞叹，对崇祯表示激愤。因此，艺术家在艺术创作时，必须对作品中人物的具体情感进行设身处地的体验。就文学创作而言，作家如不深入生活，细微地去体验人物的内心情感，就不能揭示人物的精神面貌。

作家和人物情感的不断交流、不断深入的过程，就是典型形象的塑造过程。正是由于作者和观众具有这个共同的生活体验，才产生了作者、观众 (读者) 和人物的思想情感一致的基础，才产生了共鸣。而文艺作品潜移默化的教育功能，正是建立在这一共鸣的基础之上。这就从美的创作和美的欣赏两个角度说明了生活经验、文化修养与美感中情感活动的关系。

那么，对于作品中反面人物的情感如何体验呢?高尔基说：“科学工作者在研究公羊的时候，没有把自己想象成一只公羊，但文学家，虽然是慷慨的，却必须把自己想象成吝啬鬼，虽然是毫不贪婪的，却必须感觉到自己是一个贪婪的守财奴……”作者对反面人物的具体感情的体验，并不和反面人物的情感发生共鸣，而是表现出矛盾统一的情况。既要体验反面人物的精神世界，也要保持自己的清醒的头脑，时时刻刻明确意识到并表现出“我”和反面人物的界限。只有这样才能正确而深刻地揭示出反面人物的丑恶灵魂。而读者则是与作者对反面人物的审美批判共鸣，从中受到教育。

3.从美感中的想象活动看文化修养的作用

想象是把过去的认识和材料重新联系、组合，产生新的认识。以逻辑思维为基础的想象，其主要特点是对事物之间某些方面的本质关系作新的联系和组合。与此相反，以形象思维为基础的审美想象，其主要特点是对形象的重新联系和组合。这种想象，最普遍的联想形式有接近联想、类似联想、对比联想。下面从这三种审美想象的分析中研究文化修养在审美想象中的作用。

形象思维中的对比联想，是以这一形象的形式美的特征联系另一形象的形式美的特征。有的古诗把枫叶比作花朵，“霜叶红于二月花”，这是比的表现手法。有的古诗描写统治者大宴群臣宾客的场面，其中的“呦呦鹿鸣，食野之苹。我有嘉宾，鼓瑟吹笙”则属于兴的表现手法。这些都属于对比联想。

类似联想是从某些形象的外部特征所组合的形象去联系另一形象的本质特征的联想。如风吹花絮之类的物体，风向东吹，花絮往东飘，风向西吹，花絮往西飘，这是物（风）和物（花絮）的外部特征联系起来的形象，以此形容见风使舵的风派人物。“颠狂柳絮随风去，轻薄桃花逐水流”就是杜甫对风派人物的写照。

接近联想。如列维坦的《弗拉吉米尔吉》这幅风景画，乌云浮动下荒野上的一条小道向远方伸展去，使人联想到无数的革命者经过这条小道被沙皇流放到西伯利亚。乌云、荒野和弗拉吉米尔吉小道组合的形象与革命者形象相联系。

无论哪一种审美的联想形式，都是以审美主体的背景材料为依据的，没有审美主体的知识和经验积累，联想就无从展开。因此我们对自然的美感，并不像机械唯物主义理解的照镜子般的反映。而是夹杂着主观因素，是审美主体文化（包括知识、道德和理想）修养的情感流露。比如，梅花人人喜爱，画家画梅，诗人咏梅，仅陆游一人写出百首以上的咏梅诗。他的“零落成泥碾作尘，只有香如故”，借梅花抒发自己不与世俗同流合污的品德。毛泽东同志的“已是悬崖百丈冰，犹有花枝俏”，借梅花表达革命者的坚强意志。王冕在画上题跋的“不要人夸颜色好，只留清气满乾坤”和他的“疏花个个团冰雪，羌笛吹他不下来。”借梅花表现民族气节。类似这些借梅花抒怀写意的诗画，都饱含着艺术家的思想和情感，表现了艺术家的人生理想、政治抱负和生活追求。

以上我们学习审美过程的三个方面，分析美感的形成与文化修养的关系，突出了审美主体的客观条件在审美过程中的作用。因此，对需要提高自己审美能力的青年学生来说，应着力于自我文化素质的培养。

二、青年学生在审美过程中应具备的文化素质

一处园林，一片山水，或一件艺术品，有人能发现其中的意味，从心底发出美的赞叹，有人却无动于衷，既不能把握它的形式意味，又无任何愉悦的情感反映。这究竟是何原因呢?自然界中的鸟、兽、虫、鱼、花、木、山、水虽然都有自己独特的形式、结构和意味，但在一些人眼里，它们仅仅是一些普通的事物。之所以如此，是因为一些人缺乏审美知觉。一个终生为吃饱肚子而辛劳的穷苦农民，他的田园和周围的山水再美，那也不过只是一片为他提供食物和柴草的场所。因此，世界的任何事物，都不能自行成为审美对象，只有具备审美知觉的人，以自己的全部生活经验、文化知识，在与对象的联系中去想象、去理解时，对象的形式、意味和种种美的性质才会被发掘出来。所以，审美必须具备一定的文化素质。

青年学生要提高审美能力，应具备以下文化素质：

1.审美主体作为欣赏者必须有一定的历史知识和社会知识

一个没有读过《圣经》的人，就不可能成功地欣赏达·芬奇的《最后的晚餐》；一个不知道钟馗捉鬼的故事的人，就不能很好地领会《钟馗嫁妹》这幅绘画的意味。影片《摩登时代》表现了20世纪二三十年代资本主义的社会现实，一方面是物品的增多，标志着物质文明的提高，出现了电视、大机器等；另一方面是工人的贫穷，遭受着失业、饥饿之苦。影片的主人公工人夏尔洛因为极度紧张单调的劳动而发狂，曾一度成为精神病患者，他把纽扣当作螺丝钉，把机油倒在工长、检察官、护士的身上。如果对资本家榨取工人阶级剩余劳动的资本主义社会本质缺乏认识，就不能够理解这个作品所揭示的由劳动异化所引起的产品异化和人的本质异化的资本主义的本质特征。因此说，要提高审美能力，必须着重对历史知识和社会知识的学习。

2.必须对艺术的性质和特点有一定的了解，获得欣赏艺术的能力

马克思说："对于不辨音律的耳朵来说，最美的音乐也毫无意义。"艺术形式，是同人类情感结构相一致的形式。以对线条、色彩、形状和其他一些常见事物的知觉为例，凡是具有这双重知识的人都能一眼看出：直线和转折突然的线条，总是同兴奋、狂怒、强硬、冲动力强的情感生活联系着；而曲缓的和转折平缓的线条，就总是与温柔、宁静、悠闲的感情联系着；方向向上或向前的线条往往与积极、进取和活泼的情绪联系着；而方向向下或向后的线条就同消极、软弱、垂头丧气、缺乏进取的情绪联系着。就形式来说，正方形、圆形、规则的三角形总是与牢固感、稳定感、完全感等情绪联系着；而长方形、椭圆形、不规则的三角形等，就总是同运动、变化、不满现状的情绪联系着。就宇宙间的事物来说，清风、白云、霞光、垂柳、清泉、幽林、曲涧、江南花木、月夜、黄鹂、白鹭等等，总是同闲情逸致、儿女情长、和谐舒适、吉祥平安的情绪联系着；而浓云、残阳、闪电、危岩苍松、江河、古堡、塞外、骏马、虎豹、蛟龙、雄鹰等，总是同坚强、崇高、雄劲、男性、好斗的情绪联系着。

这种外在形式与内在情感的对应，不像象征性符号和典故的理解那样，可以脱离开眼前的形式而到它涉及的故事、轶事或意义中去游历，

而是要自始至终注视着对象，让它的色彩、质地、形状、空间、节奏等组成有机统一的形式去打动自己的内心，就像一块石子投落水面上激起一圈圈波浪一样，在这种真实的感受中，不知不觉地领悟它的情感表现意义。这就是欣赏者为提高审美能力必须领悟和掌握的。

3.必须具有一定的审美想象力和审美理解力

艺术家创造艺术意境的过程是由“面”到“点”，由“多”到“一”的过程，他们尽量地把“面”压缩在“点”之中，把“多”集中在“一”之中，把无穷之意概括在有尽之言中，从而能够做到以一当十，言有尽而意无穷。艺术意境就是蕴含着“十”的“一”，蕴含着“面”的“点”，藏着无穷之意的有尽之言。在欣赏活动中，观众和读者所直接看到、听到或读到的，是艺术形象的那“一”，那“点”，那有尽之言。欣赏者必须做到由“一”见“多”，由“点”及“面”，由有尽之言领悟无穷之意。如果做不到，欣赏就是失败的。实现由“一”见“多”的成功的艺术欣赏靠什么?主要依靠欣赏者能动的、积极的体验和想象。

譬如聂耳的《大路歌》，我们不但直接听那雄浑的、深沉的、宏阔的声音、节奏、旋律，而且由这直接的感觉出发，进一步领悟更多的东西。通过体验和想象，我们会感到一种排山倒海的巨大气魄和力量，一种无论什么也阻挡不住的前进和运动，进而领悟到工人阶级创造世界历史稳健步伐的无穷威力。

任何艺术欣赏活动，最后都必然导致理性思维阶段。欣赏者不能只感受，只感动，只想实践某种愿望，却丝毫不考虑为什么。当我们对马的形象感受而产生欣喜之情的时候，我们的思维机器也开动起来了，思考着、理解着，会想许多事情：那马的形象不是表现了某种活跃的生命力吗？那马的无拘无束的形态多么自由自在，那不是对自由的一种向往吗？为什么要热烈地追求自由呢？我们会想到画家在作这画的时候，可能正是处于不自由的环境中，原来，他是在写黑暗中对光明的追求……这样我们的欣赏已经达到了理智把握的阶段。有了这种理智的基础，再回过头检查一下自己的那些感受、情绪、情感、意志到底对不对，我们会根据理智的规定，对前面心理活动的正确与否加以校正，加以指导，加以规范。只有理解得正确，才能爱得或恨得更强烈。这就叫作“理以导情”。

在艺术欣赏中，感受、情绪、理解是同时存在并互相影响的，而想象则贯穿于欣赏过程的始终。青年学生在欣赏中，要想既有愉耳、悦目的美的感受，又有陶情养志的情感感动和意志的激发，就须不断培养自己的审美感受、审美想象和审美理解的能力。

复习思考题

1.政治思想与审美素质的关系如何?

2.简要阐述道德素质对审美趣味的影响。

3.谈谈青年学生在审美过程中怎样树立正确的审美观。

第五章　青年学生不良审美倾向的矫正

培养青年学生审美素质的过程，也是发现其不良审美倾向的过程。由于客观因素的影响，青年学生在审美过程中常有良莠不分、以美为丑或以丑为美的现象发生。正确揭示各种不良审美倾向的表现形式，分析其成因和危害，探讨矫正的方法和手段，有助于青年学生确立马克思主义审美观，增强识别美丑、弃丑扬美的能力。

第一节　青年学生不良审美倾向的表现及其危害

不良审美倾向，是指在审美过程中意识和行为上表现出来的与马克思主义美学原理和社会主义精神文明建设要求不一致或者相背离的现象及倾向。社会生活的多姿多彩，决定了青年学生兴趣的丰富多样化，反映在审美活动中，则表现为审美情趣和价值目标的多层次和多趋向，不良审美情趣和倾向就是其中的一个方面。

青年学生不良审美倾向具有两个显著的特点：第一，它不是某一个人或某几个人在审美活动中产生的倾向，而是相当一部分青年学生在审美活动中都不可能完全避免的现象；第二，它不是人们审美活动和审美过程的全部内容，而只是审美活动中带有消极意义的意识和行为。

一、不良审美倾向的主要表现

不良审美倾向在不同学生身上有各种不同的表现，主要有刺激型、逆反型、表现型和颓废型4种。

1.刺激型审美倾向

刺激型审美倾向主要表现为审美主体对审美客体刺激性的片面追求，即把审美客体所具有的刺激性作为获取美感的主要对象，把审美客体所具有刺激性的强烈程度作为美与非美的标准，把获得最大刺激作为审美活动的目的。

刺激型审美倾向的特点，是以追求享乐为目的。有这种审美倾向的人，在生活中寻求刺激，以刺激取快感，认快感为美感。他们误认为凡是具有刺激性的事物都是美的，获得了刺激就获得了美感，刺激越强美感就越强。根据追求的对象和目的不同，刺激型审美倾向分为两种。

（1）感官刺激型。即把通过感官刺激所引起的肉体快感认作美感，刻意追求能够通过刺激感官而满足肉体快感需求的事物。喜欢酗酒的人嗜酒如命，以醉为美，常常饮而无度，一醉方休。沾染吸毒恶习的人，不顾及毒品对身体的危害，常常猛抽狂吸，追求刺激，以“过瘾”为美。他们的审美倾向都属于感官刺激型。

（2）精神刺激型。即把通过不适当的精神刺激而获得的心理快感认作美感，刻意追求能够引起心理亢奋并以此满足各种不健康精神需求的事物。有些青年学生由于受社会不良思潮的影响，或者“欣赏”不健康书刊和庸俗音像节目寻求精神刺激，甚至聚众赌博，寻衅滋事，他们的审美倾向就属于这种类型。

刺激型审美倾向的错误之处，在于片面夸大刺激反应的作用，忽略了刺激快感与美感的联系和区别。

首先，从刺激快感与美感的联系看，刺激快感是美感的基础，而美感又是刺激快感的结果。美感的获得以接受外界刺激为基础，人对外界刺激的能动反映，是人能够认识世界和改造世界的重要因素。从美学角度看，美感的获得要以审美客体对主体的刺激以及由此而获得的快感为基础。没有刺激以及刺激所引起的快感，也就没有美感。一个视觉器官正常的人，在春天里看到新枝吐绿、百花盛开的迷人景色，立刻会领略到大自然的春之美。而这种美感对于无法用视觉器官感受外界刺激的盲人来说，则是不容易领略到的。

其次，从刺激快感与美感的区别看，刺激快感不等于美感。尽管人们在接受外界刺激之后会产生某种程度的快感，但是，快感未必都是美的。鲁迅先生在《阿Q正传》中，有一处关于阿Q与王胡比赛捉虱子的描写。假如阿Q能在自己的袄缝中找到大虱子，放在口中咬得比王胡更响，阿Q一定是好愉快的，但这种快感中没有丝毫的美感可言。现实生活中，有些人看到自己不满意的人突然遭受某种天灾人祸，出于狭隘的个人偏见而袖手旁观，幸灾乐祸，或许也能产生某种快感，但这种快感绝对算不上什么美感。实践证明，只有那些符合科学的审美标准且具有进步意义的快感才能升华为美感。

法国著名美学家库什说过，尽管愉快的感觉经常伴着美的概念，但是，不应该由此得出结论说，这个就是那个，那个就是这个。经验证明，并非所有愉快的事情在我们面前都显得美，甚至在某种情况下，愉快能取消美并使人感受不到美。库什的这一审美思想，既说明了快感与美感的区别，也在一定程度上揭示了刺激型审美倾向的错误所在。

2.逆反型审美倾向

逆反型审美倾向指审美主体对审美客体所产生的一种与常态性质相对的、同正统观点相背离的审美意识和倾向。具有这种审美倾向的人，对绝大多数人的审美观点、常态性质的审美观点以及社会正统的审美观点采取完全否定的态度，而用消极的情绪和偏见排斥、拒绝一切正面教育，有意识地欣赏和追求与之相反的事物和行为。逆反型审美倾向的特点，是因某种不满而抱有偏见，不顾事实和现实可能性，刻意追求“离经叛道”。根据形成的原因不同，逆反型审美意识和倾向可分为两种。

（1）内因逆反型。是指产生逆反现象的原因主要是由于审美者认知特点、社会态度以及个人心理状态的不同而引起的逆反意识和行为。青年学生具有强烈的好奇心和实现欲望，即使对社会所禁止的事物也倍感兴趣，甚至心甘情愿地冒着风险去探究，在某种扭曲心理作用下，选择与社会要求相悖的意识和行为。如果他们在人格方面具有过强的自尊心和自主意识的话，那么，则可能表现出比别人更高的逆反性审美意识和倾向。

（2）外因逆反型。是指产生逆反现象的原因主要是由于审美教育者在被教育者心目中造成的消极影响而引起的逆反意识和行为。教育者教育指导方式简单、态度粗暴，往往容易伤害青年学生的自尊心，使他们对教师、领导及其他教育者产生不信任心理。如居高临下和公式化的教育方式可能会诱发学生的审美错觉，使他们认为教育只不过是空洞的说教，没有现实意义。这些情况很可能导致青年学生产生逆反型的审美意识和行为。

从审美意识发展的角度看，应当坚持辩证唯物主义和历史唯物主义的基本原理，对传统的审美内容、审美观点和审美方法采取批判性继承的态度，对其中一些腐朽落后的审美意识采取否定和超越的态度。但是，如果不加选择地对现实的和人民大众习以为常的传统审美意识采取完全否定的态度，或者是在群众尚未觉悟之前，过激地提倡与之相反的意识和行为，很可能引发某些人的逆反心理，使之走向错误的方面。

3.表现型审美倾向

表现型审美倾向，是指审美者在审美过程中刻意追求自我情感的宣泄和自我价值实现的意识和行为。具有表现型审美倾向的人，多用反常的、怪诞的、不文明的行为方法骗取公众或社会舆论的重视，以达到突出个人、表现自我的目的。这种审美倾向的主要特点，是突出审美个性，哗众取宠，显示自我。根据表现形式的不同，表现审美倾向可分为两种情况：

(1) 通过生活中的语言、行为和服饰等予以表现。有些学生对生活美的理解，不是依据对生活本质的深刻认识，而是仅仅局限于事物的表面现象和形式，在个人主义思潮影响下，形成以自我为中心的生活观念。他们在物质生活上极力追求享受，在精神生活中盲目自我表现，希冀自我价值的实现。但由于对生活缺乏正确的认识和理解，无法把握实现人生价值的正确途径，因此常常事与愿违。他们渴望在生活中成为美的使者，实际却扮演了丑的角色。

例如，在现实生活中，有些人对某种事物或某一问题并没有进行过深入系统的研究，虽然一知半解，却故作惊人之态，不懂装懂，以求"轰动"效应；有的人向往仁人志士，却不学他们的勤奋精神和优秀品质，而是从外在形式上效仿名人的言谈举止或衣着打扮；还有些人为了引人注目，或在大众场合下高声喧哗，或以奇装异服取悦于人。凡此种种，都是这种倾向的具体表现。

(2) 通过文学作品创作和欣赏予以表现。表现型审美倾向在文学作品创作和欣赏中表现为反现实主义，片面追求形式上的别出心裁和独具一格。例如,常常赋予语言以丧失词意的表现力，假设难以令人置信的情境，使人朦朦胧胧，仿佛梦境一般。在文艺创作与欣赏中，则以反现实为特色，崇拜没有和声、没有旋律、没有节奏的狂、野、刺作品，以显示自己的"水平"。

青年学生正处在求知欲望最强烈的时期，对文学、音乐、美术等抱有广泛的兴趣，每天要涉猎大量的文学艺术作品，但由于缺乏审美理论修养和正确的舆论导向，往往盲目崇拜和欣赏，不论懂与非懂，不求质量优劣，不管格调高低，以“新”“奇”“怪”为猎物，以“来劲”“刺激”“够味”为标准，似乎这样才是“美”的，才算“思想解放”，才能“顺应潮流，紧跟时代步伐”，从而走向表现型审美倾向的极端。

社会生活是一切美的源泉。既然人是社会生活的主体，只有投入到社会生活的实践中去，才能发现美，认识美和创造美，成为比较完美的人。如果仅仅把美看作是自我价值的实现，美就丧失了其应有的含义。

追求美和创造美的生活，首先必须对生活有正确的认识，并表现出热爱生活的巨大热情。马克思主义认为，美的生活在于劳动，在于有远大的理想，在于从事一切能够推动社会历史发展的进步事业。苏联无产阶级作家高尔基说过，生活只有两种形式：腐烂和燃烧。胆怯的人与贪婪的人选择第一种形式，勇敢的人与慷慨的人选择第二种形式。因此，最美的人应当是那些为了社会进步和人类解放事业而无私奉献的人。与此相反，具有表现型审美倾向的人把美建立在对生活错误理解的基础上，盲目地追求自我行径的实现和自我情感的宣泄。他们以突出自我、表现自我、实现自我为目的，这与马克思主义审美观是格格不入的，必须予以批判。

4.颓废型审美倾向

颓废型审美倾向，是指由于对社会生活的片面认识而形成的一种消极、悲观的审美意识和行为。具有这种审美倾向的人，缺乏积极的认识动机和进取精神，在审美活动中，情绪低沉、情感淡漠，无视社会的正面和积极因素，以偏激情绪看待事物的阴暗面和消极因素，喜欢欣赏事物的毁灭和人性的堕落，以发泄不满情绪为快。颓废型审美倾向的主要特点是，有意无意地拒绝现实主义而接受悲观主义，对社会漠不关心，对生活没有信心，对待事物消极唯心。

颓废型审美倾向从一定意义上讲，是由于颓废型心理的存在所引起。青年学生中存在的颓废心理，根据产生原因和表现形式不同，可分为以下四种：

一是挫折性颓废。在学习、工作和生活中屡遭挫折，因而对自己的前途失去信心，拒绝新生活的召唤。另一方面，对别人的进步和成功则本能地嫉妒和仇恨。

二是不满性颓废。由于对现实生活中某些不良倾向和消极腐败现象不满意，又觉得没有改变这种状况的条件和能力，久而久之，逐渐变得意志消沉，玩世不恭，不求进取，甘于自我堕落。

三是知足性颓废。消极信守“知足者常乐”的信条，漠视社会进步，不关心人情冷暖。物质生活方面满足于“温饱即安”，精神生活方面追求平稳安逸，不求进取。

四是封闭性颓废。由于生活、学习和工作环境的封闭性及其他客观条件的影响，形成狭隘性心理。观察问题、分析问题和解决问题的基本思路大多集中在固有封闭圈内，产生了埋怨、抵触、消极等待情绪，并以悲观、消极的颓废态度对待和评价一切事物。

颓废型审美心理必然导致颓废型审美观。这种审美观，说到底是唯心主义的，其结果，很可能将自己推向丑的方面。特别需要指出的是个人主义、存在主义、弗洛伊德主义等腐朽意识对青年学生审美观的形成具有消极作用，容易造成严重的社会后果，必须高度重视并加以防范。

二、不良审美倾向的危害

1.不良审美倾向有害于青年学生的健康成长

学校教育的目的在于培养有理想、有道德、有文化、有纪律的社会主义建设人才。德、智、体、美、劳全面发展是青年学生健康成长的标志。一些学生在不良审美倾向的影响下，不愿意接受马克思主义的审美教育、道德理想教育和日常思想政治教育，视理想教育为“空洞的说教”，视纪律教育为“无为的约束”，甚至要“挣脱枷锁”，追求所谓的“绝对自由”。还有些学生崇尚“金钱万能”，在拜金主义思潮影响下，曲解美的内涵，误认为人生最宝贵的不是高贵的品格、高尚的情操，而是钱、财、物的享受。这些错误认识，势必影响青年学生的健康成长和发展。

2.不良审美倾向有害于社会主义审美教育的深入开展和全民族审美素质的提高

全面培养和提高社会成员对现实生活及文学艺术作品的美的鉴别能力、欣赏能力和创造能力，以陶冶人们的情操，提高人们的生活情趣，是审美教育的目的。而青年是祖国的未来，民族的希望，整个中华民族审美素质的提高，说到底是青年人审美素质的提高问题。青年学生中不良审美倾向的存在，一方面说明我们的审美教育还存在缺陷和失误，需要进一步改进；另一方面，又成为我们深入开展社会主义审美教育的阻力，进而导致新的不良审美倾向产生。如此恶性循环，必将对未来全民素质的提高和发展产生巨大制约作用，其危害和后果是极其严重的。

3.不良审美倾向有害于社会主义物质文明和精神文明建设

社会主义物质文明建设和精神文明建设所取得的巨大成就，为进行审美教育，提高人们的审美素质奠定了坚实的基础。同时，审美教育所取得的成果，也会渗透到社会生活的各个方面，并通过物质文明和精神文明建设的实践体现出来。青年学生中不良审美倾向的存在，势必会给两个文明建设带来消极影响。人类最伟大的美，在于劳动和创造，劳动才能创造出丰富的物质财富和高尚的精神财富，造福于社会和人民。可是有些人不愿意参加体力劳动，甚至看不起艰苦创业和辛勤劳动的人，这难道不是对美的背叛吗?

第二节 青年学生不良审美倾向产生的原因与矫正

青年学生不良审美倾向的产生和存在，不是某一种或某几种原因作用的结果，而是多种社会因素综合作用的反映。概括地讲，主要表现在三个方面：第一，社会不良思想的影响。第二，审美教育的失误。第三，青年学生自身素质的不健全。正确分析这些因素对审美教育的影响，指出其危害，限制其消极的作用，有利于提高审美教育的效果。

一、不良审美倾向产生的原因

1.社会不良思想的影响

青年学生正处在生理和心理急剧发展变化的时期，许多方面尚未成熟，从发展看，具有不平衡、不稳定性和可塑性强等特点。他们的接受能力往往大于辨别能力，在审美观形成的过程中，容易接受各种复杂社会因素的影响。其中，社会不良思想的影响，是造成青年学生不良审美倾向的主要原因。

社会不良思想的影响可以归纳为以下三个方面：

(1) 资产阶级腐朽思想的影响。党的十一届三中全会以来，我国实行了改革开放的政策，西方发达国家一些先进的科学技术和优秀的思想文化被不断地吸收进来，促进了我国经济的发展和社会的全面进步。另一方面，资本主义的腐朽思想和资产阶级生活方式也悄悄渗透进来，腐蚀着社会的肌体。反映在美学领域中，“文化西方论”有较大的影响。有些人以“解放思想”为名，大肆宣扬和鼓吹资产阶级的美学观点，攻击和否定马克思主义美学理论，蔑视和贬低劳动人民的审美意识，抹杀和诋毁中国历史上优秀的美学文化遗产和社会主义美学建设的巨大成就。他们以“洋”为美，唯“资”为美，具有很大的欺骗性，极易误导社会的审美价值导向，致使青年学生在世界观、人生观和审美观问题上选错方向，形成错误的审美倾向。

(2) 社会不正之风和封建腐朽思想的影响。邓小平同志生前曾经指出，十年改革最大的失误在于教育。在改革过程中，由于经验不足，制度不健全，一定程度上出现了腐败现象，社会风气恶化，甚至在新中国成立以后曾一度绝迹的消极腐败现象又重新抬头。如有些人钻改革的空子，违法乱纪，以权谋私，权钱交易，倒买倒卖；有的人借工作之便，假公济私，吃请受贿，坑害国家，中饱私囊；还有的人大搞封建迷信活动，扰乱人心，干扰社会等等。面对这些腐败现象和不良风气，绝大多数青年学生深表痛恨，甚至勇敢地予以抵制和斗争，但也有一些人经受不住考验，随波逐流，有的甚至美丑不辨，以丑为美，抛弃了理想和信念，丧失了原则和理性，误入人生歧途，走向犯罪的行列。

(3) 文学艺术作品中不良审美思想的影响。青年学生一般都具有较强的好奇心和求知欲，除学习专业文化知识外，小说、诗歌、散文等文学作品和五彩斑斓的影视节目，成为他们涉猎的主要领域。文学艺术是现实生活的反映，这些作品的质量高低，在一定程度上影响着青年学生审美观念的演化和人生观的形成。

近年来，有些作品和评论，不加选择地将社会丑恶现象暴露给读者并予以肯定，扰乱了人们的视线，混淆了美丑界线。加之青年学生涉世不深，辨别能力差，往往通过直观感受形成朦胧状态的趋同心理，从而产生共鸣，导致审美倾向发生了偏差。

例如，有的文学作品，用相当多的篇幅进行性描述，并力图通过这种描述来展示人物的内在心理和质变过程，展示他们对传统人格的超越和自身价值的实现。这些作品通过各种渠道传入学校，屡禁不止，结果使一些青年学生在不健康思想的影响下荒废了学业，走上了犯罪的道路。由此可见，不健康文学的错误审美思想对青少年的严重危害是不可低估的。

2.审美教育的失误

人们的审美能力不是与生俱来的，而是长时期历史经验积累和文化熏陶的结果。个人的审美能力正是在不断审美实践的基础上逐渐培养起来的。这种能力的差异，除阶级因素外，还直接受审美教育的影响，因此，审美教育中的不足和失误，也是导致青年学生不良审美倾向的原因之一。

审美教育的失误，主要表现在以下几个方面：

(1) 社会对审美教育的重视不够。尽管我们历来把培养有社会主义觉悟的德、智、体全面发展的劳动者和接班人作为学校的教育方针，提倡德、智、体、美、劳并重，强调美育在人的全面发展中的重要地位及其对德育、智育、体育和劳动教育的积极推动作用，但在具体的教育过程中，美育远远没有像其他教育那样得到应有的重视。由于社会竞争机制和人生价值导向都没有将人的审美素质和审美水平作为一项重要内容或硬指标予以强调，学校对审美课程的开设不够重视，学生也视审美教育为虚设，不愿意投入较多的时间和精力，因此，很难形成良好的审美素质。

(2) 审美教育缺乏系统性和连贯性。随着教育体制的改革，学校美育较之以往有了很大发展，但至今仍未形成相对独立的体系。从宏观上看，各级各类学校的德育、智育、体育机制基本健全，唯独美育相形见绌。从微观上讲，大多数中专学校其他课程的设置比较科学，布局也日趋合理，师资队伍阵容相对整齐，而美育则显得相对薄弱，课程设置不尽合理，师资队伍参差不齐，有的学校美育无固定老师，教育无固定计划，教学无固定内容，教育状况和效果很难令人满意。

(3) 审美教育的内容、方法、手段存在明显的缺陷。青年学生向往丰富多彩的生活，客观上要求审美教育有丰富多彩的内容、方法和手段，而且随着时代的进步和社会的发展，这些内容、方法和手段也要不断地改进和完善。现实审美教育则普遍表现为内容简单，方法单调，手段单一，有的学校和老师甚至简单地将美育理解为唱歌、画画的音乐课和美术课。

事实上，对学生进行审美教育的领域是十分广阔的，生活中处处有美，把审美教育同其他教育相结合，贯穿于其他教育，渗透于其他教育，美育就会呈现出丰富多彩的局面。如果我们不能适时对美育的内容、方法和手段进行改进和优化，不仅青年学生旧的不良倾向难以消除，而且新的不良倾向还可能产生。

(4) 学校审美教育与家庭和社会环境的影响不协调。青年学生审美观的形成，既要受学校教育的影响，也受家庭教育和社会环境的影响。只有学校教育与家庭教育、社会教育协调一致，才会取得理想的教育效果。目前的审美教育明显存在着学校教育与家庭教育、社会教育相脱节甚至相背离的现象。学生在学校接受的正面教育无法在自己的生活环境中得到印证和提高，有时还可能被家庭和社会存在的不良风气所腐蚀，而取得与所受教育完全相反的结果，导致学生选择与教育要求完全相反的行为。

例如，学校禁止学生吸烟、赌博，有的家长却放任孩子吸烟参赌；学校明令禁止各种不健康书刊的传播，有些学生却受社会不良思想的影响，大量阅读这类读物，这种情况怎能不令人担忧？

3.青年学生自身素质的不健全

外因是变化的条件，内因是变化的根据。青年学生存在不良审美倾向的根本原因在于其自身素质的不健全。它突出表现在以下几个方面：

(1) 政治思想素质不健全。青年学生的政治思想素质从总体上看是好的，他们能坚持四项基本原则，拥护改革开放，关心社会主义现代化建设。但有些青年学生政治思想素质偏低。其主要表现大致有四个方面：一是缺乏共产主义信仰，没有远大的理想和长远的奋斗目标；二是缺乏实事求是精神，观察和分析现实问题主观片面；三是缺乏政治头脑和战略眼光，对具有重大政治意义的社会活动袖手旁观，不积极参与；四是对马克思主义的理论、立场、观点、方法持怀疑态度。这些都是政治思想素质不健全的表现，直接危害着青年学生正确审美意识的形成。

(2) 伦理道德素质的不健全。青年学生正处在道德理想和人生观形成的时期，在改革开放的大潮下，既要经受马克思主义伦理观和传统道德观念的考验，又要接受市场经济条件下新出现的各种价值观念的挑战，他们虽然具有一定的识别真、善、美和假、恶、丑的能力，但另一方面又具有不稳定性和不成熟性，处于非理性和失重状态。他们的心态和行为未必朝着建设社会主义市场经济和社会生活所需要的合理秩序健康发展，有的人很可能经受不住生活的考验走向享乐主义、利己主义和极端个人主义的泥沼。有些青年信奉“人的生性是自私的”，在生活中一切为我，只顾自己，甚至为达到个人目的不择手段；有的青年信奉“人生在世，吃喝二字”，追求享乐，贪图享受，只求索取，不求奉献。

从理论上讲，真、善、美具有内在的统一性。一个人的道德素质在一定程度上也影响着他的审美素质。青年学生伦理道德上存在的偏差，必然导致其审美素质的缺陷和失误。

(3) 科学文化素质的不健全。社会的发展，越来越要求人们在审美领域和社会生活的其他领域具有较高的科学文化素质。文化水平的高低，直接影响着审美水平的高低。中专学生虽然正处在学习科学文化知识的黄金时期，但由于我国的总体文化教育水平还不高，教育体制和教育内容尚存在许多弊端和失衡现象，致使全民族的综合科学文化素质普遍偏低。许多在校学生，由于曾受片面追求升学率思想的影响，偏科现象严重，虽然在某一学科或专业颇有专长，但对其他学科甚至相关学科的知识知之甚少。这种不健全的文化素质，成为培养和提高自身审美素质难以逾越的障碍。

二、青年学生不良审美倾向的矫正

矫正青年学生的不良审美倾向是一个重大的社会问题，它关系到中华民族的兴衰存亡，是社会主义建设能否成功的关键。有不良审美倾向的青年学生也是当代青年的一部分，作为新时代的人，他们本应成为社会主义建设的中坚和国家民族振兴的希望，但是，从前面提到的不良审美倾向的危害看，其消极作用是不可低估的，如果不及时矫正这些人的不良审美意识和行为，他们很可能滑向犯罪的边缘，成为失足青年。相反，如果全社会都能关注他们的进步与成长，满腔热情地齐抓共管，促使其矫正转化，他们的积极力量和工作热情也将是不可低估的。

1.有不良审美倾向的学生是可以和必须挽救的

具有不良审美倾向的青年学生尽管在人生旅途中有所迷惘和失误，但是，“崇尚真、善、美，反对假、恶、丑”仍然是他们审美意识和行为的主流。这些人的年龄多在20岁左右，正处于身体急剧发育和世界观的形成时期，具有很大的可塑性，这种可塑性的存在，一方面可能接受不良审美思想的影响，产生错误的思想意识和行为；另一方面，也为不良审美意识和倾向的矫正提供了前提条件。这一问题在前面几章已经从不同角度进行过论述，这里仅就不良审美倾向的矫正方法谈四点意见。

（1）尊重和信任是矫正的前提。矫正青年学生的不良审美倾向，尊重和信任是基础。被人尊重和信任可以使人心情愉快，在心情舒畅的条件下可以使人最大限度地发挥自己的聪明才智，做出卓越的成绩。尤其对于有不良审美倾向的青年学生来说，尊重和信任可以振奋他们的精神，调动他们内在的向上力量，抑制和克服消极情绪，帮助其卸掉折磨心灵的精神负担，轻装前进。

（2）知识启迪是不良审美倾向得以矫正的钥匙。如前所说，青年学生中的不良审美倾向与他们缺乏必要的文化知识有关。懂得的东西不多，眼界狭窄，就容易上当受骗。知识可以启迪心灵，纠正偏见，开阔视野，解放思想。青年学生无知的状况只能靠增长知识来改变，他们头脑中的精神垃圾也要靠知识的武器来清除。

具有不良审美倾向的学生，从表面上看懒于学习，无视知识，实际上他们具有强烈的学习愿望。比如，他们很崇拜有作为的人，在自己佩服的人面前往往比一般人规范，这说明他们羡慕别人的知识和本领。这种崇敬和羡慕就是求知欲望的表现，是他们叩击知识大门的内在动力。因此，应当创造条件，让他们在知识中吸收丰富的营养，驱除心灵上的愚昧和污垢，树立起崭新的精神风貌，矫正自己的不良审美倾向。

（3）体贴与感化是矫正不良审美倾向的主要方法。具有不良审美倾向的青年，常常表现为玩世不恭，似乎对一切都不在乎，实际上，在冷漠外表掩盖下的却是一颗受伤哭泣的心。他们同样注重感情，渴望与别人进行感情上的平等交流，比一般青年更需要安慰、关怀，更需要能够交心的朋友。教育者要热情地体贴关怀他们，真挚地与他们交朋友，用真正的爱去温暖他们受伤的心。同时，还要帮他们解决具体问题，在他们遇到困难的时候，伸出温暖的手拉他们一把，帮助他们渡过难关，以实际行动感化他们。当然，体贴、感化不是同情他们的处境，更不是同情他们的错误。体贴感化既需要热情，又需要理智，既需要原则，又需要灵活，只有把体贴关怀与积极的思想政治教育结合起来，才能收到良好的效果。

（4）综合治理是矫正不良审美倾向的根本。转化有不良审美倾向的学生是一项综合性的社会教育工作，必须学校、家庭和社会密切配合，协调行动，把广大群众关心下一代的积极性调动起来，形成一个严密的教育网络，综合治理，才能从根本上解决问题。综合治理要健全组织机构，制定正确的方针、政策、措施，统一教育思想，清除精神污染，真正把青年学生培养成有理想、有道德、有文化、有纪律的革命事业接班人。

2.矫正青年学生不良审美倾向的主要内容

矫正青年学生的不良审美倾向，需要着重抓好以下几方面的教育。

（1）人生观教育。人生观是人们对人生价值、生活目的、生活意义的根本看法和观点。不同的阶级具有不同的人生观。大公无私、全心全意为人民服务的集体主义是无产阶级人生观的核心，它不但极大地促进人们相互间关系的进步，而且推动着社会主义建设事业的发展。应当教育青年学生自觉抵制和消除资产阶级享乐主义人生观、权利意志人生观、拜金主义人生观、悲观厌世人生观等的影响，逐步树立共产主义人生观。

(2) 审美观教育。审美观是指作为审美主体的人在审美活动中所持的态度和看法的总和。马克思主义的审美观是无产阶级的审美观，它强调审美的功利性、实践性，同时重视审美的强烈情感特征和丰富的个性特征。教育青年学生相信马克思主义美学，培养和提高审美能力，积极为人类创造健康美好的事物，是社会主义精神文明建设的客观要求，也是成长为社会主义新人的必要条件。

(3) 苦乐观教育。苦乐观是指人们对待苦和乐的根本看法和态度。无产阶级的苦乐观以辩证唯物主义为指导，把为实现共产主义而奋斗作为最大的快乐，而把失去为人民服务的机会和条件看作人生的最大痛苦，自觉地把自己的苦乐和民族的苦乐联系在一起，做到吃苦在前，享乐在后。我们要教育青年学生树立无产阶级苦乐观，发扬“一不怕苦，二不怕死”的革命精神，以艰苦奋斗的创业精神，去创造民族的最大快乐。

(4) 生死观教育。生死观是指人们对生命的存在和归宿所持的根本看法。无产阶级的生死观以无产阶级和人民群众的利益为原则，以革命事业为出发点，是生命与人民利益和革命事业需要的统一，为了追求真理，为了革命和建设，甘愿抛弃个人利益，甚至献出生命也在所不惜，这是无产阶级最宝贵的品质。要教育青年学生树立无产阶级的生死观，正确认识生命的真正意义，把有限的生命投入到无限的为人民服务之中去，树立为人民献身的思想，做到生命不息，奋斗不止。

(5) 荣辱观教育。荣辱观是人们关于荣誉和耻辱的根本观点。无产阶级的荣辱观以热爱祖国，贡献全部力量建设祖国为最大光荣，以损害国家的利益和尊严，违背公共利益的行为为最大耻辱。要教育青年学生自觉树立正确的社会主义荣辱观，积极进取，爱护集体，克服个人主义思想，为国家和人民的利益做出更大贡献。

(6) 幸福观教育。幸福观是指人们对什么是幸福以及如何追求幸福的根本观点和看法。无产阶级的幸福观以革命理想为指导，以劳动创造为本质，以集体主义为核心，把为人类解放而斗争看成是最大的幸福。它强调物质幸福和精神幸福的统一，认为物质生活的满足是幸福生活的重要条件，精神生活的充实则是幸福生活的升华，把劳动和创造作为获取幸福的根本途径。树立无产阶级幸福观，是青年学生健康成长的必由之路。

3.矫正不良审美倾向的基本原则

提高青年学生的审美素质，矫正其不良审美倾向，必须贯彻如下原则：

(1) 共产主义方向性和社会主义现实性相结合的原则。既要用共产主义美育理论教育学生，高标准严要求，又要从社会主义现实需要和可能出发，实事求是，讲求实效，引导学生把实现共产主义的远大理想同自己日常的学习、生活、劳动、思想修养联系起来，从大处着眼，从小处努力，从我做起，从现在做起，使他们的共产主义方向性落到实处。

(2) 提高认识和指导实践相结合的原则。既要系统地进行马列主义审美思想的教育和灌输，不断提高学生的思想认识，又要尽力创造实际锻炼的机会和环境，使学生在实践活动中加深认识，增加感情体验，磨炼意志，坚定信念，做到知行统一，言行一致，表里如一。教师在教育过程中必须言传身教，成为学生的表率，激励学生积极进取。

(3) 发扬积极因素和克服消极因素相结合的原则。青年学生身上的积极因素和消极因素通常表现为优点和缺点，先进和落后。这一对矛盾在一定条件下又是可以相互转化的。应当运用一分为二的观点，调动他们的积极因素，限制他们的消极因素，并使学生正确认识自己，自觉开展思想斗争，利用优点，克服缺点。青年学生精力旺盛，活泼好动，教师应针对他们的这些特点，因势利导，把学生旺盛的精力引导到健康有益的活动上去，化消极因素为积极因素，促进学生积极转化。

（4）严格要求与热爱尊重相结合的原则。一方面要按照教育方针和人才培养目标的要求对学生进行严格的管理和教育，另一方面要关怀青年学生思想品德的培养和审美素质的提高，信任他们的力量和能力，尊重他们的人格，相信他们能不断进步。只有既尊重、热爱学生，又严格要求学生，才能正确解决教育者和被教育者的情感和态度问题，同时使学生从教师那里既得到温暖和关怀，又得到成长进步的动力。建立尊师爱生的新型师生关系是贯彻执行与尊重教师、爱护学生相结合原则的重要条件。教师要严于律己，以身作则，学生要尊重老师，虚心请教，以形成民主平等、感情深厚、互尊互敬的师生关系。

（5）集体教育与个别教育相结合的原则。良好的集体是个人健康成长的重要条件，个人的成长和进步，又影响和促进集体的发展。教师既要耐心组织，精心培养一个具有共同的奋斗目标、坚强的核心力量、正确的集体舆论、严格的组织纪律、强烈的荣誉感和责任感的学生集体，又要加强对学生的个别教育帮助，引导所有的学生参加集体活动，培养他们的自治、自理能力，使他们在集体中得以更好地发展。

（6）正面教育和纪律约束相结合的原则。既要用事实和道理进行正面疏导，启发自觉，调动学生接受教育的内在动力，也要用校规、校纪、制度等强制性措施约束学生，对其实行教育管理。正面教育的内容应当是积极健康的事实和道理以及良好的榜样。正面教育的方法应当是循循善诱，以理服人。纪律约束应当坚持表扬鼓励为主，批评处分为辅，反对处罚、打骂学生。正面教育和强制性的规章、制度、纪律约束，是相辅相成的。只有前者没有后者，学生无章可循，正面教育落不到实处，就会变成空洞的说教；反之，只有后者没有前者，无法启发学生自觉遵守各种规章制度，就不能起到很好的教育作用。

（7）教育影响一致性和连贯性的原则。教育影响的一致性和连贯性指教育者应当主动地协调学校与家庭、社会及其他来自各方面的教育影响，坚持培养目标，统一发挥作用，并前后连贯地去教育学生。学校是教育的主体，应当首先统一其内部各种教育力量的步调，充分发挥骨干教师、班主任、党团组织的积极作用，同时要主动联系家庭和社会，协调统一各方面的教育影响，研究不良思潮的危害，分析青年学生的表现，研究教育对策，还要安排好学生的闲暇时间和假期生活，参加社会实践活动，使学生过健康有意义的课余生活，自觉抵制各种不良影响。

（8）因人施教的原则。教育工作要深入实际，调查研究，充分了解教育对象，针对他们的年龄特征、时代特点、个性差异和教育现状，有的放矢地提出教育要求，选择恰当的内容和方法进行教育，特别要抓住青年学生的个性差异，因人施教，对症下药，做到一把钥匙开一把锁，培养他们良好的个性和行为习惯。

复习思考题

1.联系实际谈谈不良审美倾向的危害有哪些？

2.如何矫正自己的不良审美倾向？

3.简析青年学生不良审美倾向产生的原因。

第六章　书法、摄影、绘画美

第一节　书法美

书法是汉字的书写方法、书写艺术和各种书体的泛称，它是以汉字的点画及其结构来表现形神的线条造型艺术。由于汉字为我们中华民族所独有，所以汉字书法艺术是我国传统艺术宝库中一束艳丽的奇葩，是炎黄子孙的骄傲。青年学生学习一些书法方面的知识，不仅能增进学识和艺术素养，提高书写汉字的技能，而且能陶冶个性情操，增强民族自豪感，同时能培养良好的学习、工作习惯和作风，完善人格，益于健康。

一、中国书法简史

文字是记录有声语言的书写符号，是交流思想、传播科学文化知识的重要工具。世界上各个民族的文字，可以归纳为拼音和表意两大类。汉字是由形象化符号演变成音、形、义三个要素巧妙结合在一起的表意文字体系，它经历了一个由繁到简、由图案化到线条化而日趋规范化的漫长过程。现在，我们就以汉字演变发展中几种书体为线索，简要介绍一点书法史。

1.篆书

早在6000年前的新石器时代，就产生了以图案和符号为特征的古象形文字。但并不能说那时就有了书法。直到商代出现了刻在龟甲和兽骨上的甲骨文，才视之为书法的开端。尤其是周代出现的青铜器铭文（即金文），或质朴凝重，或工整圆润，或疏松开朗，或厚实端庄，书法美的范畴已有充分展露。但到了春秋战国，由于诸侯林立，列强争雄，四分五裂的局面也影响到文字的规范统一，同一个汉字，各个国家和地域在书写时，笔画多少和结构组合各不相同。

秦统一中国后，推行“书同文”的政策，秦始皇命丞相李斯把各国文字搜集起来，“存其所同，去其各异”，加以综合整理，定秦篆为全国通用的规范化文字，线条更加简单化，匀称精细，形体整齐，减少了许多异体字，书写较方便。秦小篆代替了以前的各种篆书，使文字和书法艺术向前大大迈进了一步。

2.隶书

在篆书占统治地位的战国末期，已出现了介于篆隶之间而接近于隶书的一种书体——古隶。到了秦代，狱吏程邈把古隶加以搜集整理，简化篆书结构和笔画，改圆转为方折，于是出现了与小篆并用的一种书体——秦隶。

到了东汉，隶书演变得更加成熟，点画波折鲜明，结构扁平，变化无穷，各尽其妙。篆书演变为隶书称为“隶变”，它使汉字的象形意味极大减少，几乎摆脱了图案化而变成符号化线条。“隶变”是汉字书法史上的一次革命，一次飞跃。汉隶是汉代书法艺术的特有成就，给后代留下了许多珍贵的碑帖隶书精品。随着历史的发展，篆书，这种书体的始祖由于距今年代久远，难写难认，逐渐减弱了它的实用价值，而几乎变成纯艺术品。但艺术性极强的隶书直到今天，仍为人们所喜爱和运用。

3.楷书

楷书也叫正书（书体之正宗）、真书（真正的书体）。楷即各种书体楷模之意。其特点是笔画平直、形体方正。它始于汉，成熟于魏晋，盛于唐代。在汉字书体的第二次革命——隶楷过渡（即楷化）中，晋代王羲之及其儿子王献之（即书法史上所谓的“王氏父子”）以其辉煌的成就在书法史上建立了不朽的功勋，因而王羲之被后人尊为“书圣”。

由于唐代政治、经济和文化艺术空前繁荣，书法艺术也是百花盛开、绚丽多彩。尤其是楷书方面，真可谓名家辈出，群星灿烂，为后人留下了极其丰富的书法遗产。唐初四大名家欧阳询、虞世南、褚遂良、薛稷，承前启后，独自成家，各有千秋。唐中期著名书法家颜真卿的楷书，笔法挺拔刚劲，结字端庄雄伟，章法充实茂密，生机勃勃。他继往开来，成为颜体的始祖、书坛的革新领袖，是书法史上继王羲之以后的又一个划时代人物。

继颜真卿之后的柳公权，笔力险劲似颜，而结字紧凑似欧（欧阳询），后人并称“颜柳”。

元代书法家赵孟頫，远承王氏之法，其书笔画圆润清秀，结构端庄严谨，开元、明、清几代书风，同王氏一起，被后人尊崇为飘逸秀丽派的代表。

4.行书

行即走的意思，它是介于楷书和草书之间的一种流畅化书体。近于楷书的叫行楷。近于草书的叫行草。它较楷书快速简便，又不像草书难以辨认。实用价值大，易于通行。

历代楷书大家无不精于行书。但是突出的要算王羲之。尤其是他的《兰亭序》被后人推为“天下第一行书”。其书法隽雅清秀，点画遒美，行气流畅。全文320余字，仅“之”字就20个之多，但变化自如，无一雷同，达到了“清风生袖，明月入怀”的境地。其潇洒飘逸的风采，给人以婉丽清爽的美感。

5.草书

草书是行书发展到极端的一种书体。它始于东汉，过渡于晋代，盛于唐。著名草书大家有张旭和怀素。张旭草书连绵回绕，起伏跌宕，提按顿挫，变化精妙，被后人誉为“草圣”。怀素是张旭之后草书的革新领袖。他行笔如暴风骤雨，给人以昂扬激越的美感。其结字和章法，对比强烈，节奏鲜明，表现出浪漫主义色彩。尤其是他的狂草，笔势连绵回绕，一泻千里，对后世影响很大。毛泽东的《娄山关》《满江红》等草书作品，得怀素笔法精神，又融入磅礴气势，不失为草书佳作。

由于草书多以简单的线条符号代替复杂的偏旁部首，且变化精微，难以辨认，不易普及流行，大都是作为传统艺术品供人们欣赏。

二、汉字书写的基本方法

要想把字写好，必须掌握基本的方法和技巧，并经过持之以恒的勤学苦练方可见效。学习书法，并非人人能成为书法家，但把字写得准确、端正、匀称、清楚，并力求达到美观熟练的程度，是祖祖辈辈使用汉字的炎黄子孙应具备的起码素质。为使大家在书写水平上也有一定长进，特介绍一些书写汉字的基本方法。

广义地讲，书写汉字的基本方法包括器法（文房四宝——纸、墨、笔、砚）、身法（书写姿势）、指法（执笔的方法）、腕法（手腕运用的方法）、笔法（运笔的技巧）、字法（结字的规律）、临法（临帖的方法和步骤）、章法（谋篇布局的方法）等。本篇只就笔法、字法和章法三个问题作一简要叙述。

笔法是指如何运用毛笔去书写各种基本笔画的方法和技巧。不论哪种点画，都要有落笔（也叫下笔或起笔）、行笔（笔的运行过程）和收笔三个动作。且三者要节奏分明，连接自然，一气呵成。同时要遵循“中锋行笔”这一“千古不易”的原则，通过提按、顿挫、转折等变化，写出千姿百态的各种点画来，充分表现书法艺术的线条美。

至于点、横、竖、撇、捺、钩、折、挑（也称提）这八种基本笔画具体如何写，需要读点书法方面的专门书籍，并通过实践，逐步掌握。应该明确，基本点画是组成汉字的基本“零件”，各个部件加工得越精细合格，组装成“产品”后就越精美合格。因此，要写好汉字，必须从练习基本点画这一基本功练起。“爱好就是最好的老师”，只要目的明确，掌握方法，培养兴趣，持之以恒，勤学苦练，书写汉字的能力和水平就一定会提高，就一定能练出一手好字来。

字法是指结字（亦称间架结构）的方法和规律。近 5 万个汉字，每个字都有自己的结构形态，疏密虚实，长短高低，宽紧收放，千变万化，各不相同。但如何去搭配笔画，协调偏旁，平稳重心，衬托照应，是有一定规律可循的。王羲之和智永的“永字八法”，欧阳询的“楷书结体三十六法”，黄自元的“间架结构九十二法”等，都是古人总结出来的结字方面的宝贵经验，善于学习和掌握这些基本方法，才能把字写得端庄、平稳、匀称、美观，使字的笔画（线条）美和结体（形态）美有机结合。

章法是研究字与字、行与行之间上下相承，左右相辅，互相照应，安排成篇章的方法。章法也叫布局，古称布白。其主要形式有三种：

其一，纵成行，横成列。这种布局方法适用于楷隶。特点是：整齐清楚，严谨大方。

其二，纵成行，横不成列。这种布局适用于行草。特点是：生动活泼，富有节奏感。

其三，纵不大成行，横全不成列。这种布局适用于狂草。特点是：奇巧多变，神韵飞动，富有诗情画意。

章法的要领主要可概括为：意在笔先，胸有成竹；突出重点，主次分明；行直间匀，距离适度；四边留空，计白当黑；落款印章，和谐统一。

三、书法的美学价值

中国书法以简练的线条造型，表现各种复杂的意境和情趣，其美学价值为世界所公认。了解一些这方面的知识，有利于提高书写水平和欣赏书法作品的能力。

1.书法艺术的形式美

（1）用笔点画美。传统的毛笔书法运用中锋、侧锋、藏锋、露锋、方笔、圆笔、轻重徐疾、提按顿挫等各种技巧，使简单的点画发生各种变化，写出优美的线条。凡是能给人美感的线条，都是一种有力度的线条，这种力度，传统书法中称为“笔力”。判断有无笔力，是书法线条的审美标准。要写出有笔力的线条，必须将笔画写得饱满结实，具有立体感和浮雕感。力求达到沉着、凝重、苍劲、厚朴、丰满、匀称、有骨有肉的艺术效果。

（2）结构章法美。前面已讲到结构（亦即结字），这里再补充一点。一个汉字的构造，犹如一座建筑，其中有美学，也有力学。一般地说，正的结构端庄，长的结构挺拔，扁的结构凝重，上大下小者飞动，上小下大者稳健，中疏外密者灵空，中密外疏者凝练。线条之间的气韵、顾盼、呼应以及主次、大小、纵横、偏正、疏密等对比产生的节奏和韵律，都能给人以各种各样的审美感受。

章法是探讨书法作品整体美的。成功的章法作品运用大小、长短、阔窄、斜正、浓淡、燥润、疏密、虚实等种种手段，形成一个互相呼应、平衡协调、变化而统一的和谐整体，给欣赏者以种种美的愉悦。

（3）意境风格美。意境风格是贯穿于全幅作品的精神境界和书法家表达自我审美追求的“独家面目”，是作者通过功夫深厚的笔力技巧显示出的内在美的魅力，抒发出作者与众不同的主观情绪和审美意趣。这是书法形式美的最高层次要求，没有一定的艺术修养和高尚的道德品质，很难表现出这种高层次的形式美。

2.书法艺术的个性美

个性就是独创性。这是一切艺术作品共有的审美要求。法国著名雕塑艺术家罗丹说："有'个性'的作品才是美的。"中国书法史上，凡无独创性者，均难以称为名家，至于称"圣"者，更需开一代书风之先。

例如，王羲之变隶法为楷书，称为"书圣"；唐朝张旭在草书方面承前启后，有独到建树，称为"草圣"；颜真卿用一生心血革新楷书，创造颜体，独树一帜，为一代书坛领袖。

一个汉字，几根线条，要写得与众不同，为人们所欣赏，是何等不易！书法史上推崇秦篆、汉隶、唐楷、宋行，就因为各个时代都产生了一批富有创造性的名家并形成流派。一部书法史就是一部流派史。失去了个性就失去了艺术的生命力。凡富有个性的作品都表现了作者独立的人格美，就是常说的"字如其人"。

颜真卿一生耿直，其字雄强刚健，透出铮铮铁骨的气质。毛泽东的草书被人们崇尚，就是因为其字里行间无不表现了一个革命领袖的豪迈气概和伟大胸怀，完美的艺术形式与革命的政治内容相结合，诗人的浪漫主义与革命的现实主义相结合，淋漓尽致地表现了一个处处心忧天下的伟人的人格美。

3.书法艺术的审美范畴

中国书法有着丰富的审美范畴。大致分为：

（1）端庄雄伟。端庄雄伟的美感，能引起欣赏者对自然界某种壮观景象的联想，如肃穆巍峨的高山，汹涌澎湃的大海，也能引发对社会生活中那些忠烈耿直，具有凛然正气的英雄的敬仰。表现这一范畴的代表是颜体字。其特点是：线条浑厚刚劲，行笔沉着凝重，结体端正平稳。

（2）飘逸秀丽。这一范畴的审美感觉是轻松、优雅、恬静、明丽。以自然景物为比喻，端庄雄伟是高山巨川，飘逸秀丽则是春风吹拂着的鲜花小草，蓝天上飘浮着的朵朵白云。前者能唤起人的崇敬和自尊，后者则能激起人对美好生活的无限热爱。这一范畴的代表是王氏父子及赵孟頫的行楷。其特点是：线条瘦劲，力度内蕴，行笔轻盈，结字疏朗，常以左右倾斜取势。

(3) 纵横奇崛。这一范畴的审美感觉是豪迈奔放，无拘无束，使人感到有一种不可抑制的生命力。其代表是怀素的草书，黄庭坚和米芾的行草。其特点是：线条泼辣，行笔跳跃大，特别强调各种对比夸张，以奇险取胜。

(4) 工整精细。这一范畴的审美感觉是精致、完美、协调，使人发出恰到好处的赞美。其代表当推欧阳询的楷书。其特点是：用笔细腻精到，结构严谨，行款整齐，也不乏各种对比变化。

需要特别指出的是，在相当多的书法作品里几类范畴是同时存在，交叉出现的。各种不同风格的作品，都有各自的审美价值，各种书体和流派都有适于表现自己的审美范畴。因此，在书法艺术领域里才呈现百花齐放、万紫千红的灿烂美景。

四、书法作品欣赏

任何有生命力的艺术品，都是内容和形式的完美统一，书法作品也不例外。我们欣赏书法作品也必须从内容美和形式美两个方面加以品味。

关于形式美的问题，前面已做了较详细的介绍。比如各种书体、书法美的范畴、字体、笔法、章法等。我们只要用那些基本的理论原则对照具体作品加以鉴别，不难分出水平的高下，从中受到艺术美的感染。

对书法作品内容的理解，较之其他门类的艺术作品稍微容易一些，凡有一定文化和文学修养的人，一般都能识别作品所要表达的意义。每一件书法作品，无一不是作者理想、追求、情趣、爱好、爱憎、好恶等真实思想感情的流露。或名人格言，或伟人警句，或优美诗词，或千古佳句，长则数百字的不朽名篇，短则三五言的座右铭，古今中外，天上地下，不受任何时空的局限。只要正确、健康、积极，寓意深刻，富于哲理，耐人寻味，能受到启迪，从中获得教益，就应该予以肯定。

例如，“少壮不努力，老大徒伤悲。”“书山有路勤为径，学海无涯苦作舟。”“业精于勤荒于嬉，行成于思毁于随”“学而不思则罔，思而不学则殆”“学而不厌，诲人不倦”“天道酬勤”“慎独”“苦读”“腾飞”“心底无私天地宽”“不要人夸颜色好，只留清气满乾坤。”“欲穷千里目，更上一层楼。”“会当凌绝顶，一览众山小。”“海内存知己，天涯若比邻。”“室雅人和美”“主雅客来勤”“红杏枝头春意闹”“霜叶红于二月花”“不到长城非好汉”“踏遍青山人未老”“江山如此多娇”“风景这边独好”等等。

提高欣赏能力，不仅要懂得一些书法知识，而且要掌握一定的历史知识、文学知识、哲学知识、美学知识、社会学知识等，以提高艺术素养。更重要的还应该加强思想修养，培养高尚情操，处处热爱生活，注意观察思考，成为一个精神充实的高尚的人。不能设想，一个胸无大志、不学无术、玩世不恭、追求低级趣味、精神贫乏空虚的人，会对什么艺术欣赏产生正当健康的兴趣，具有什么能力和水平。

第二节　摄影美

摄影是一门通过线条、光线、影调、色彩和构图等造型手段捕捉美的直观的视觉表现艺术，也称可视形象的瞬间造型艺术。要提高对摄影作品的欣赏能力，需要了解一些这方面的知识。

一、摄影艺术的美学价值

1.可视形象的瞬间美

人们普遍认为摄影既是造型艺术，又是“瞬间艺术”，其美学价值极为丰富。但它首先给人一种瞬间美，它是典型的、独特的、纪实性的、自然形态的瞬间美，反映出生活的真实性、自然性和典型性。例如，1984 年《大众摄影》第 4 期封面选登的郑震孙所摄的彩色照片《文佳，你真美!》，就是作者机敏地捕捉了一个稍纵即逝、令人激动、富有意味的美的瞬间。

1983 年 7 月在加拿大举行的第 21 届世界大学生运动会平衡木比赛结束的发奖中，一头美丽金发的加拿大姑娘波南特（第三名）同中国运动员文佳（第二名）在热烈地互相祝贺。这幅作品提炼凝聚了一刹那的美，把浓厚的东方特征“文雅”与典型的西方特征“奔放”融合无间。高贵的国际友谊在奖章绶带的辉映下更显出熠熠光彩。《文佳，你真美!》成了中加友谊的美好象征，难怪它获得了新闻摄影 1983 年作品展览一等奖。

2.画面结构的形式美

摄影作品的画面结构，遵循对立统一规律，通过各种对比使画面的形式和内容达到和谐统一。在各种既相互对立又相互依存的矛盾中，主要有以下特点：

（1）明与暗。明与暗的色调差，是表现形象立体感的一个重要条件。一般尽量避免使用正面光，又要注意不能使明与暗反差过强。安排明暗的比例应主次分明，适当调配，才能显出协调的美感。

（2）黑与白。黑与白的对比是突出画面的重要条件之一。黑与白的比例决定一幅作品的基调性质。二者相当的称为中调，白色（浅灰）的称为高调，黑色（深灰）称为低调。即便是彩色作品，也要对色彩加以选择提炼，重点表现一两种，以一种为基调，或给人以“日出江花红胜火”的美感，或给以人“春来江水绿如蓝”的艺术享受，决不能五颜六色平均使用，形成杂乱无章的感觉。

（3）天与地。天与地一般不作一分为二的处理，而让一方占支配的主导地位。如以水面为主，可充分表现景物的宽广和纵深感，那少量的天空只是衬托。如以天空为主，则尽可能发挥广阔天空的气势，从而突出地平线上的人物更加高大雄伟。

(4) 疏与密。要恰当地处理好疏与密的关系，注意保持相对的平衡和均衡。画面要松紧适度，疏密有致，紧而不塞，松而不散，以形成完美的构图。

(5) 远景与近景。远景（也叫背景）与近景（也称前景）是造成画面景物深度的又一因素。不论远景是人还是物，原则上应是画面主题的陪衬，为主题服务。前景和近景有时在交代典型环境方面具有特殊作用，但必须和作品的主题思想协调吻合。如用桃花预示春回大地，以荷花烘托炎夏的到来，用红叶表现秋高气爽，用雪压青松表示寒冷的严冬。

(6) 虚与实。虚与实是相比较而存在的，以虚衬实，才能使主题更加突出。体育摄影作品有时为了表现动态美感，往往采取虚虚实实的手法，使作品更富于艺术魅力。

总之，在处理一幅摄影作品的画面结构时，在诸多矛盾中要分清主次，以求形式美和内容美的和谐统一。我们鉴赏和评价一幅摄影作品的优劣，也要拿这些原则去衡量、分析。

3.变化奇妙的线条美

线条美是构成摄影作品可视形象的基本要素之一。在客观现实中，尽管线条千姿百态，归纳起来无非就是曲线和直线两大类，它是不能改变的，称为形态线条。由于人和物体的静止和运动以及视觉的变化而形成了垂直、水平和倾斜三种方向的线条。虽然各种线条本身没有意识和思维，但通过人的感觉和思维，就产生了多种多样的感受。

直线使人觉得整齐、刚直、纯正。

曲线给人以优美、幽雅、委婉隽秀的感受。

垂直线条表示高耸、雄伟、挺拔。

平衡线条表示稳定、宽广、开阔。

仰斜线条表示运动、紧张、活跃。

因此，云南石林多直线，觉得它雄姿峥嵘；桂林山水多曲线，觉得它婀娜秀丽。挺拔的劲松给人以庄严、肃穆、崇高之感，黄山上横空虬曲的“迎客松”给人以热情、清雅的美感。懂得了它们各自的“习性”，就能理解各具特色的摄影作品。例如，为了突出雄伟，就强调竖线条；为了展现广阔，就选择横线条；为了表现动感，则发挥倾斜线条的威力等。摄影作品里的各种线条，由于注入了人们审美经验的感受，便给人带来了立体感、纵深感、运动感、速度感、崇高感、清秀感、起伏感、节奏感以及趣味性等种种美的享受。

4.冷暖轻重的色彩美

运用色彩美表现自然美与社会美也是摄影艺术的重要表现手段之一。同线条一样，各种色彩本身虽然没有生命和感情，但通过有思维能力的人的视觉感受，就赋予了它不同含义。懂得一些色彩美的普通知识，对欣赏摄影作品特别是欣赏彩色摄影作品是大有好处的。

人们在长期的生活实践和艺术创作中，总结出了关于对色彩感受的基本类型。从色彩给人的温度感可分为暖色和冷色。暖色包括红色、橙色、橙黄色；冷色（也称寒色）包括青色、蓝色、蓝绿色。看见暖色，就自然想到火，进而联想到炎热；看到冷色就想到水、冰、雪，进而联想到碧空、树荫。从色彩产生的节奏感，可分为轻色和重色。轻色包括白色和淡黄色；重色包括黑色、暗褐色或暗青色。高明的摄影家正是利用暖、冷色调的这些特性去表现温度感和季节感。如用淡绿的基调表现明媚的春色；用浓艳的暖色烘托炎热的仲夏；以蔚蓝的色彩体现深秋送爽；以黑的冷色概括俊秀的冬景。不同的颜色确有不同的含义：

红色表示忠勇、革命、热烈、希望。

绿色表示和平、凉爽、稚嫩、纯正。

黄色表示光明、快活、温和、舒展。

蓝色表示宁静、秀丽、清新、明净。

橙色表示兴奋、活泼、华美、热情。

紫色表示名贵、高雅、华丽、持重。

白色表示纯洁、清静、神圣、高尚。

5.藏而不露的含蓄美

含蓄是我国艺术传统的特点之一，高明的摄影家为创造虚实藏露的含蓄美，在捕捉人的动态和神态瞬间时，往往采取“留有余地”的原则，让欣赏者通过思索、想象、玩味，从而品尝到瞬间艺术的含蓄美。例如20世纪50年代李忠魁的摄影佳作《在结婚登记处》，画面上那壮族打扮的姑娘，羞涩地咬手帕的细节，成功地表现了姑娘腼腆的性格和她那兴奋、羞涩而又洋溢着幸福感的复杂的心理状态。虽然听不到工作人员履行公务式的问话和姑娘愿意不愿意的回答，但是，“此时无声胜有声”，“摇头不算点头算”，却获得了情趣盎然的艺术效果，成了20世纪50年代那个特定的历史背景下宣传《中华人民共和国婚姻法》的佳作。

二、摄影作品欣赏

所谓欣赏就是以喜悦的心情观看、品味、赞扬某种事物或某些艺术品的审美心理活动过程，任何艺术品只有通过欣赏才能发挥其审美、认识、教育、娱乐的功能和作用。摄影作品也需要有自己的“知音”，让人们在欣赏中完成其社会使命。

在日常生活中，人们总是经常地进行着各种审美活动，而兴趣最浓的审美对象还是艺术。人们对艺术作品的欣赏过程，实际就是审美的过程。因此，对摄影作品的欣赏过程，实际也是一个审美过程，它同样具有审美、认识、教育和娱乐的功能。通过摄影作品的欣赏，培养人对自然美、社会美和艺术美的欣赏能力和创造能力，在潜移默化中分清真、善、美和假、恶、丑，促进精神文明建设。

摄影作品的种类很多，我们仅就常见的新闻摄影、人物摄影和风光摄影这三种作品的欣赏加以简要论述。

1.新闻摄影作品的欣赏

新闻摄影就是对社会上正在发生的事实进行图片报道并见诸报刊。一幅新闻摄影就是一条消息，它是形象化了的新闻。新闻摄影作品的显著特征就是通过可视形象使人感到逼真可信，读者看了如身临其境，倍感亲切。例如，《大众摄影》1984 年第 6 期“佳作欣赏”中选登了高梁摄于 1957 年游园晚会上的《周总理和群众同欢乐》，生动而逼真地表现了“人民总理人民爱，人民总理爱人民，总理和人民同欢乐，人民和总理心连心”的深刻主题。虽已过去 50 多年，今天再观赏这幅照片，仍能以它的深刻内蕴和强烈的艺术魅力引起我们对敬爱的周总理的深切怀念。

新闻摄影的真实性是真、善、美的再现，是时代的形象记录，是社会的一面镜子。反映重大事件的新闻照片，是国家宝贵的历史文献，其价值是永存的。例如，1949 年 10 月 1 日开国大典上，陈正青拍摄的毛主席庄严宣告中华人民共和国成立，这幅极其宝贵的新闻照片，如春雷、似号角、像战鼓，永远激励着全国各族人民在中国共产党的领导下乘风破浪，披荆斩棘，团结奋斗，去建设更加美好的明天。

新闻摄影在时间、空间和对象这三个方面，必须把握真实性、典型性、准确性、及时性和生动性这些基本原则，把理想性和艺术性有机统一起来，捕捉现实生活中那些激动人心的瞬间形象，不仅给人带来信息，而且给人以生活美、社会美和艺术美的享受。

2.人物摄影作品的欣赏

人物摄影实际上就是社会美的艺术再现。因为社会美的内容主要是社会生活中的人及其创造的物质财富的美，人类创造了物质文明，是历史的主人，所以表现社会美与表现人物美是一致的。下面分四点谈谈人物摄影作品欣赏。

(1) 肖像作品。肖像摄影是人物美的重要组成部分。所谓肖像就是酷似本人的影像。但摄影艺术家不能如照相馆的摄影师那样，把人像照得很像本人就行了，它应该是社会美的艺术再现，是人的自然美与社会美的结合体。它拍摄的虽然仅仅是一个人，有时甚至是一个人的局部，但它具有一定的社会含义，甚至有深刻的思想内容。因此，它离不开典型性格形象的塑造。如老摄影家郑景康拍摄的齐白石老人 90 寿辰的肖像，作者运用传统的艺术表现手法，艺术地再现了这位出身贫微、奋斗一生、受人尊敬的老画家的气质和风貌。

(2) 崇高作品。有一些人物摄影作品给人以崇高的美感。例如，《大众摄影》1987 年第 3 期“佳作欣赏”选登的王光美同志 1965 年拍摄的《刘少奇同志在北京玉泉山》，只是普普通通的生活场景，刘少奇同志和五岁的女儿在头顶头较着劲儿嬉戏，他面带笑意，非常轻松，表现出一位革命领袖的普通生活情感，洋溢着生命的无限乐趣。

再如，50 多年前吴印咸同志拍摄的《白求恩大夫》，之所以成为传世佳作，受到人们的推崇，并非因为它的画面景物所表现的自然美而吸引人，一个破庙里有一个外国人在中国同行的陪同下，给一个伤员做手术，如此而已。但只要联想到白求恩同志远涉重洋，从加拿大到中国，抛弃自己的一切，毅然投身到中国人民反对日本帝国主义侵略的神圣战争之中，在当时非常困难的条件下，他对病人极端热忱，对工作极端负责，对技术精益求精，毫不利己、专门利人的国际主义精神，自然会使人产生一种敬仰、尊崇的美感。这种崇高美可以陶冶人的情操，净化人的心灵，永远促人奋发向上。

(3) 喜悦与情趣作品。在人物摄影中，喜悦感的作品占有很大比重，喜悦是人类社会生活中因快乐、幸福或者希望、目的得到满足时而产生的一种情感状态。这种愉快轻松的情感状态往往会引起欣赏者的共鸣，从中得到美的享受，从而更加热爱丰富多彩的美的生活。

例如《大众摄影》1987年第3期选登的黄克勤拍摄的《俺也来旅游》，把一个经历了一辈子贫穷和劳累，终于富裕起来以至可以到名胜风景区去旅游的老农的内心喜悦与自豪表现得淋漓尽致。他胸前挂着照相机，举手向“老外”打招呼的笑容神态，似乎在告诉人们，过去旅游是“老外”的专利，如今俺也来享受了，多么风趣地透视出党的十一届三中全会以来党的富民政策使由穷变富的一代新式农民崭新的生活追求和精神风貌。

富于情趣的作品往往伴随着笑，如果笑是情感的自然流露，则能表达各种不同类型的人在不同情况下的心理状态和情感，能恰当地揭示作品的主题思想，是应大力提倡的，但如果不分职业、性别、年龄、身份、场合等具体情况，都一律要摆布一番，挑逗其勉强地、装腔作势地发笑，那就不仅让人感到雷同，甚至使人产生千人一面的感觉。笑大致可以分为两大类，即真笑和假笑。真笑能引起人的感情共鸣，给欣赏者以美感，假笑则使人感到厌恶。

细分起来，笑的方式是多种多样的：微笑、大笑、狂笑、苦笑、嘲笑、讥笑、奸笑、狞笑、傻笑、媚笑、憨笑、会心的笑、得意的笑……各种笑都是人物在特定状态下的一种情绪反映。我们欣赏带有笑的人物作品时，一定要仔细品尝笑的意义和产生笑的根源，看是否能给人以深刻的启示和情趣的美感。

(4) 人体摄影。在所有审美对象中，人们经常的、大量的、要求最为严格的莫过于人类自己。人体为什么会美呢？因为凡是美的事物，总是和人类有着紧密的联系，这种联系越直接、越紧密，该事物的美就越高级。所以人体美属于高级的自然美。这种美是生理性的。人体美的结构形态都具有形式美的特征。它包括对称、均衡、曲线变化等。如男子宽阔的双肩、胳膊上强健的肌肉，处处显得那么协调而富有力量。至于女人，那曲线的肩膀，饱满的胸部，隆起的乳房，起伏的臀部，柔嫩的皮肤，圆润的肌体，处处显得那么神奇、美妙而令人倾倒！因而，在摄影艺术作品中以人体美为表现对象的作品给人的美感，是其他类型的摄影作品无法代替的。

例如，舞台摄影中的舞蹈艺术，由于它对演员的容貌、身体、体型和动作等方面都严格要求合乎美的法则，一系列动作都是优美的人体造型，因此，只要拍摄典型的瞬间，其艺术魅力就会经久不衰。再如体育摄影中的人体造型，人们不单欣赏运动员的高超技艺，同样也欣赏他们神奇的精神力量，从而得到美的享受。

《大众摄影》1987 年第 4 期“佳作欣赏”选登的李红拍摄的《飞行冠军》，作者抓取了 1986 年在北京举行的第七届世界杯体操大赛女子高低杠比赛中，苏联名将舒舒洛娃做特卡切夫腾越时的瞬间神态，从高、难、新、美的动作中表现人物的个性特征。从画面上可以看出，这一惊险的优美动作，完成得完美无缺、舒展潇洒、活脱大方、生动感人，富有鼓动性。作者把冠军精湛的技艺和丰满的精神世界变为生动的视觉形象，具有迷人的艺术魅力。

大多数的体育项目表现的人体美不仅仅是优美。有的表现力量美（举重、投掷等），有的表现速度美（百米、自行车等），有的表现灵活机智（击剑、武术等），有的表现勇敢、顽强（拳击、登山），球类运动则集速度、弹跳、勇猛、机智、灵活、敏捷于一身。因此，体育摄影在人体摄影中有很强的代表性。能充分体现出人的本质力量，给人以强烈的美的感染。

3.风光摄影作品的欣赏

风光摄影作品是自然美的再创造。自然美是指自然事物的美。诸如：湖光山色，椰林竹楼，朗月疏星，海岸沙滩，行云流水，小泉瀑布，盆景花草，日出晚霞，雨后彩虹……自然事物之所以美，是因为它与社会的人发生了某种联系。人们根据自己的情趣、爱好、理想、追求，希望摄影作品要比自然美更集中、更典型，比单纯的自然美更美。按表现的思想内涵的不同，摄影作品可以分为两大类：

（1）优美的风光作品。这类作品十分讲究形式美，注意构图的章法，画面景物大小比例适当，彼此呼应，富有变化而又互相协调，具有动感而又保持均衡。这些作品虽然有时也有人物在活动，但却以景为主，人只作陪衬，主次分明。这类作品的特点，是在形式上和谐平稳，如桂林山水、黄山云海、草原美景等，众多作品，犹如一首首朴实恬静、意境深远的田园诗给人以美的享受。

（2）壮美的风光作品，这类作品给人一种高昂激越的静态美和亢奋雄壮的动态美。它展现出来的壮丽图景给人以眼界开阔、心胸博大之感，使人心情开朗，愉快乐观。雄伟的天安门，蜿蜒的长城，浩瀚的大海，辽阔的草原，都是拍摄风光作品的极好素材。

任何艺术作品都是表达思想感情的产物，作者总是把自己的思想情趣灌注到作品中去借景抒情。所以，我们欣赏风光作品就要通过画面表现的艺术美，去领悟作者借以抒发的某种热烈崇高的感情，领略其深刻的思想内容。

第三节　绘画美

一、绘画基本知识

绘画是美术中最主要的一种形式。它使用笔（如毛笔、铅笔、油画笔）、刀（如木刻刀、调色刀）等工具，墨、颜料等物质材料，通过线条、色彩、明暗、透视和构图等表现手段，在纸、木板、纺织品、墙壁等平面上创造出可视的并且有一定形状、体积、质感和空间感的艺术形象。它同书法、摄影、雕塑等门类的艺术形式一样，也是一种造型艺术。它既是现实生活的反映，也是画家对现实生活的感受，具有一定的审美价值，能使人从中获得教益和审美享受。

绘画的种类在整个艺术门类中是丰富多彩的。以画种分，一般分为中国画、油画、版画、水粉画、水彩画、素描、速写等。从绘画的社会作用及其表现形式分，习惯上分为宣传画（招贴画）、年画、漫画、连环画、组画、插图等。从绘画的表现内容分，有肖像画、风俗画、历史画、风景画和静物画等。

由于各个国家和民族在社会政治、经济和文化传统等方面的差异，世界各国绘画在艺术形式、表现手段、艺术风格等方面也存在着明显的区别。一般认为，从古埃及、波斯、印度、中国等东方文明古国发展起来的绘画为东方绘画，而以古希腊、古罗马等欧洲国家发展起来的绘画为西方绘画。这是世界上两大绘画体系。它们在历史上互相影响，对人类文明都做出了不朽的贡献。

不论哪一种绘画，其共同特点是：通过可以直接看到的，有形有色的具体的艺术形象来反映生活和抒发画家对现实生活的感受，具有引人入胜的艺术魅力；绘画所使用的工具如纸、墨、颜料、笔等固有的特性，也是塑造艺术形象、构成审美价值的重要因素，如中国画的笔情、墨趣和韵味；绘画在题材范围方面比其他艺术更加广泛，使绘画表现出更广泛的审美价值。

二、中国绘画欣赏

中国画是我国艺术史上的瑰宝，具有悠久的历史。浓郁的民族风格，鲜明的时代特色，千百年来受到人们的喜爱。

要想增强欣赏国画的能力和水平，一般须注意以下四个问题：

1.了解绘画史的一般知识

国画大致可以分为壁画和卷轴画两大类。大约在春秋战国时代壁画就已成熟，而且在唐以前一直占主导地位。现存的壁画分为两种：一种是墓室壁画，以汉墓壁画和唐墓壁画为代表；另一种是寺庙壁画，以敦煌石窟壁画和山西永乐宫壁画为代表。这些壁画的内容复杂，描绘精美，表现出高超的艺术技巧。而卷轴画出现在魏晋南北朝时期，唐以后迅速发展，元、明、清时期几乎成了卷轴画的一统天下。原来盛行的壁画日益衰落了。

从绘画的题材和体裁来说，国画的三个主要门类，即人物、山水、花鸟，也经历了一个漫长的发展过程。人物画成熟于战国，极盛于唐宋，五代以前一直是中国画的主流。唐代阎立本的《历代帝王图》、宋代张择端的《清明上河图》等都是人物画的代表作。

山水、花鸟画的独立与成熟较晚，兴于隋、唐，到宋、元两代达到高峰，逐渐成为中国画的主流。唐代的吴道子、李思训、王维，宋代的范宽、张择端，元代的王冕、赵孟頫等，都是在山水、花鸟画方面有突出成就的画家。明代的徐渭、清代的郑燮等，都是对中国画的发展有着重要贡献的画家。现代国画家齐白石、徐悲鸿、刘海粟、张大千、黄胄、李苦禅等，承前启后，创新发展，把中国画推向了一个崭新的阶段。

2.注意背景、题材和主题

这也是欣赏一幅国画的重要方面。主题是靠题材来表现的，而题材又离不开特定的历史背景。例如壁画，本是宣传宗教教义的，但我们对宗教的这种复杂的社会现象，又不能简单地理解为迷信。很多优秀的寺庙壁画都表现了特定历史背景下人民的一种精神寄托以及对美好生活的向往和追求。

欣赏中国画，无论题材大小，只要意境深远，主题鲜明而进步，就是好的作品。例如宋代张择端的《清明上河图》，以广阔的画面描绘了清明时节北宋都城汴京（今开封）以汴河为中心的社会生活景象，具有极大的历史文献价值和审美价值。现代画家关山月和傅抱石合作的《江山如此多娇》，把祖国的名山大川都画在一幅画上，表现了祖国的美好和人民对她的热爱。而一些小题材的作品如画竹以喻气节，画梅以喻坚贞，画兰以喻高洁，画菊以喻清雅，都能表现人们的志趣和风范。

3.了解中国画的表现手法

（1）散点透视问题。这是中国传统绘画在构图上的重要手段。它不像西洋绘画采用焦点透视，即把“视点”固定在一定的位置上，而是采用散点透视（又称移动透视、不定点透视）的手法来处理构图。这种手法可以打破时间、空间的限制，使作品容量更大，内容更丰富。例如《清明上河图》和张大千的《长江万里图》就是如此。

（2）形似与神似问题。中国画不仅要求形似，更讲究神似，“以形写神，神形兼备”，无论人物、山水、花鸟都要表现其神韵。例如，绘雪要“绘其清”，绘月要“绘其明”，绘花要“绘其馨”，绘鸟要“绘其声”。名家笔下的人、鸟、山、水、花木、鱼虫，“一枝一叶总关情”，无不形神兼备，韵味十足。

（3）画与诗、字、印章的结合问题。中国画与外国画的一个显著区别就是画家在画上题字写诗，并加上雕刻精美的朱红色印章，成为整个画面的重要组成部分，书画媲美，诗情画意，或平衡布局，或补充画面，或增加气氛，或造成变化，不仅能帮助我们正确把握和深刻理解作品的主题，而且鲜明、生动、灵活地加强了绘画艺术的审美因素。

（4）“六法”是欣赏国画的基本依据。所谓“六法”，最初是品评人物画的六条标准，后来推及山水、花鸟，成了评价各种绘画的标准。“六法”是气韵生动、骨法用笔、应物象形、随类赋彩、经营位置、传移模写。

气韵生动是指画家借助笔墨彩色等材料在画面上对于对象本质特征的表现，是画家与被画对象之间的一种主客观的统一，是神与形统一的体现，也是这个艺术形象生命力、感染力所达到的特殊境界以及作品的风格等等。例如，徐悲鸿画的那些奔马，使人感到有一种生气勃勃、热情奔放、一往无前、驰骋千里的气势，从中联想到伟大祖国一日千里犹如万马奔腾般前进的节奏，并领略到画家对新中国的无限热爱之情。这种艺术效果就可以称得上是气韵生动。

骨法用笔，是指用线条造型的技巧。它与应物象形联系十分紧密，都涉及形似的问题。做到形似，必须“应物”，即符合客观事物的真实面貌。这就要求能够准确地用线条勾勒出对象的轮廓、骨架，才能保证形象不走样，不失真。“随类赋彩”是要求从事物的固有色出发，而不同于西洋画中从光的照映下色彩的复杂变化出发去施用颜色，即使有所变化，也只能从色的明度上求变化。经营位置即结构布局的问题，要求突出主题、主次分明、从主体与局部的相互呼应、映照、对比、衬托中去表现主题。传移模写原是指一种复制名作的特殊技能，这里就不详细介绍了。

马克思说：“如果你想得到艺术享受，那你就必须是一个有艺术修养的人。”如果我们对欣赏国画须注意的几个问题基本掌握了，那就不妨以中国画中的卷轴画为例，通过对一些名家名作的典型分析，举一反三，触类旁通，提高欣赏国画的能力，得到艺术的享受。

4.名作欣赏

《洛神赋图》系东晋画家顾恺之的作品，绢本，是根据文学史上脍炙人口的名篇汉魏时期曹植的《洛神赋》而作。画家发挥了高度的艺术想象力，富有诗意地描绘了原赋的意境气氛。全卷构图连接、山水起伏、林木掩映，人物随着赋意的铺张重复出现，将时间和空间打成一片，体现了传统绘画的重要特征。画中人物心理刻画细腻逼真，诗情画意，如珠联璧合，相映生辉，开创了中国美术史上绘画和文学结合的早期范例。

《江帆楼阁图》系唐代画家李思训所作，绢本，大青绿设色画。画面的上半部写江天浩渺，不见涯际，下半部写长松高岭，楼阁重深，山径曲折。画中人物惟妙惟肖，画面景物错综繁复，水波、山石、树木，全从写实中得来，是青绿山水画的典范佳作。李思训及其儿子李昭道在绘画史上并称“二李”，历来被认为是青绿山水画的集大成者，在中国山水画史上占有重要地位。

《天王送子图》是唐代画家吴道子所作，纸本、墨笔画。画面分段描绘佛教创始人释迦牟尼降生，他的父亲净饭王和母亲摩耶夫人抱着他去朝拜大自在天神庙，诸神反而向他礼拜的故事。

吴道子，河南人，少年贫苦，以作画谋生，后被召进宫中当了御用画师。一生主要从事宗教绘画的创作，仅在长安、洛阳两京所作寺观壁画就达300余幅之多。他对推动外来佛教美术的民族化，确立民族绘画形式，做出了杰出的贡献。特别是他画的僧像样式，成为当时和后世的一种标准和法式，画史上称为“吴家样”。至今仍被人们尊为“画圣”，被民间画工尊为“祖师”，可见他画艺之高超。

《清明上河图》乃北宋画家张择端所作。是宋代风俗画中有代表性的佳作。绢本，淡设色画。画卷以北宋都城东京（今河南开封）的汴河为主线，有条不紊，引人入胜地展开了当时社会各阶层人物的种种活动。全图用散点透视法，从市郊的景色，一直画到城内外最热闹的街市，各种人物500多个，有农民、船夫、木匠、铁匠、僧侣、道长、儒生，有骑马的官吏、乘轿的妇女，有江湖郎中、算命先生，有人挑担，有人驾车，有人撑船，有人拉纤……

景象繁华，熙熙攘攘，360行，行行俱全。最精彩的是虹桥一段，桥上各行各业的人川流不息，桥下一只满载货物的大船正急驰过桥，形成整幅画卷的高潮。全图结构巧妙，章法精到，虚实得体，突出了村郊、河道、城市三个主要部分，充满浓郁的生活气息，体现出高度的写实性和概括性，是研究宋代政治、经济、文化、风俗民情等重要的历史资料。被珍藏在故宫博物院。

《秀山疏林图》是元代画家赵孟頫所作。纸本，水墨画，是赵氏的传世名作。画卷后接纸，自题一诗云："石如飞白木如籀，写竹还于八法通，若也有人能会此，方知书画本来同。"赵孟頫把"书画同源"从山水画进一步扩展到竹石花卉画，由于他书法造诣精湛，绘画修养宏博，历来被推为"书画同源"的"鼻祖"。以《秀山疏林图》而论，他巧妙地运用了书法中的各种用笔技巧，以轻重徐疾的笔势，配合干湿浓淡的墨彩，来摄取对象的形和质，态和势，情和意。朴实利落中显得格局宏伟，意象高雅，堪称是融书法于画法的杰作。对于促进中国画笔精墨妙的民族风格趋向成熟和稳定，具有创造性贡献。

《墨葡萄》系明代文学家、书画家徐渭作，纸本，是传统水墨大写意花卉画中的杰作。在作品中，画家满怀激情，舞秃笔如舞丈八蛇矛，泼辣豪放的笔法，淋漓酣畅的墨彩，构成气势连贯而撼人心弦的交响旋律。藤条的错落低垂，枝叶的纷披历乱，从枝头，从叶底透出的葡萄，一颗颗、一串串，显得那样亮晶晶、水汪汪，令人垂涎。左上方空白处，以跌宕的字体，欹斜的行次自题一诗云："半生落魄已成翁，独立书斋啸晚风，笔底明珠无处卖，闲抛闲掷野藤中!"充分表现了画家感慨人生、愤世嫉俗的满腔激情。徐渭对人物、山水、花鸟画无不擅长，尤以花鸟画最多最好。其画法多用泼墨大写，是水墨画的集大成者。其思想内容的深度和广度及诗、书、画三位一体的表现形式，对当时的社会现实起到了有力的抨击作用。

《劲竿凌云图》是清代文学家、画家郑燮作。竹竿三五，瘦石一声，在这幅画里，画家借物抒情，以竹的自然特性，比喻人的节操，表达了画家的精神追求，给人以新鲜感。竹石的笔墨技法，笔势纵横，墨有浓淡，新篁老竿，层次分明，将瘦石安置于画面右下角，更衬托出劲竹的"凌云"长势。此画款识一反常规，从左至右，且不题画幅空白处，却书于竹石空隙间，别有情趣。款题书法用隶体参入行楷，刚里寓柔，清新奇特，活泼自由。大大小小，正正斜斜，疏疏密密，参差高低，灵巧穿插，有如竹林漫步，自由自在。既有传统的和谐统一，又富于新意的独创精神，充分表现了“扬州八怪”之一郑板桥不媚权贵、思想活跃的独特个性。

《青蛙蝌蚪图》是中国现代书画家、篆刻家齐白石所作。这是幅扇面画，左边那摇头摆尾活灵活现的四尾小蝌蚪在清水中自由自在地游动，扇面右边的两只青蛙，一浓墨，一中墨，眼睛注视着小蝌蚪，前肢收拢，后腿略长，似乎随时准备前往护卫。整个画面，构图简洁集中，笔墨精炼，气韵生动。

齐白石出身农家，曾有10年木工生活经历，所以能将朴实的劳动感情倾注于艺术创作之中。他的作品不仅为知识界所欣赏，也为广大工农大众所理解和喜爱。他一生勤奋创作，从不满足，不断创新，融合文人画与民间画的表现技法，形成了独特的艺术风格，在国内外享有崇高的声誉。

《群马图》是中国现代画家徐悲鸿所作。纸本，水墨淡彩。碧绿如茵的草地上，四匹骏马霜蹄蹴踏，顾视清高，英姿飒爽，迥立生风，那滕骧磊落的筋骨，黑白徐疾的节奏，凝聚了画家激越的情怀。

徐悲鸿，江苏人。自幼随父学画，后到上海、北京遍访名师，1918年赴法留学，节衣缩食，刻苦用功，探求艺术真谛。1927年学成回国，在上海从事美术教育。新中国成立后，任中央美术学院院长、中国美术工作者协会主席等职。

徐悲鸿一生坚持现实主义创作原则，强调忠实于对象的客观描写。对传统绘画，他主张在继承基础上创新。他擅专油画、彩墨画，尤精素描。所作彩墨画，贯通古今，融合中西，自成面貌。题材涉及人物、山水、花鸟，画马最负盛名。他笔下的马，或奔或驰，或止或息，或俯首饮水，或向天嘶鸣……无不神采飞扬，寓意深刻。由于他对现实的挚爱和对笔墨的体会已经得心应手，游刃有余，因此，他画马总是一气呵成，纵横自如，《奔马图》即是最好的印证。

《黄山一线天奇观》是中国现代画家刘海粟1976年作。开阔的画面上，长松夭矫，铁骨遒劲，群峰奔走，云涛翻腾，充溢着震撼人心的宏伟力度，仿佛无数仙女舞起三千彩色瀑布，雷奔电击日生烟，一片生机。

刘海粟，江苏人，当代艺术大师。从事艺术教育和创作70余年。青年时曾赴日、法留学。回国后创办第一所美术学校——上海图画美术院(即上海美专前身)。引进人体模特写生的教学法，对传统的绘画模式和观念的更新起到了巨大的推动作用。他兼通中西绘画，中国画擅长山水、花卉、鸟兽，多用水墨或泼彩法，尤喜绘黄山。先后九上黄山，所作黄山图包括速写、素描、油画、线勾、没骨、泼墨、泼彩等形式。大则丈二巨幅，小则册页。写不尽黄山幽深怪险。晴岚烟雨，千姿百态。一泉一石，一松一谷，都提供观赏者以源于黄山高于黄山的优美意境。

在绘画理论方面，刘海粟也有卓著的建树，撰有《画学真诠》《现代绘画论》等。他曾任南京艺术学院名誉院长、中国美术家协会顾问、中国画研究院院务委员、中国政协书画室主任等职。并被授予意大利国家学院院士，美国世界大学文化艺术博士等学衔。

三、西方绘画欣赏

西方绘画的主要画种是油画。欣赏油画，需要了解油画的特点，特别是关于色彩与笔触即油画的表现技巧和流派等方面的知识，同时要知道一点西方各国的社会历史知识，才能较好地理解作品的内容、题材和主题。还应懂得一点外国的美术史和文学艺术等方面的知识。欣赏油画要比欣赏中国画有一定难度，是个比较复杂的审美活动。这里我们举一些名家名作。

《维纳斯的诞生》是意大利文艺复兴时期画家波提切利所作。维纳斯在希腊神话中是象征爱和美的女神。艺术家都把维纳斯的形象表现为最匀称最优美的人体。在希腊神话里，神都是体格健美的人，代表智慧、力量和美，画家都以自己理想中的美和爱的化身来塑造维纳斯。

《维纳斯的诞生》在一切关于维纳斯的画里是最为独特的一幅作品。画面上，诞生于波浪中的维纳斯好像是从流放中回来似的，脸上挂着淡淡的哀愁，画的背景是一片伸展无边的海水、肥沃的土地和茂密的树林，维纳斯的步子仿佛没有承受重量似的显得飘逸，好像处于有推动力的旋律之中。此画在人体造型上，不以明暗法为表现手法，强调轮廓线，使人体具有一种浅浮雕感，而且增加了画面的装饰性，在意识和技巧上表现得深刻而有回味。

《蒙娜丽莎》是意大利文艺复兴时期美术家、自然科学家达·芬奇所作。这是一幅以普通女子为题材的杰作。蒙娜丽莎含而不露的笑意似乎有点深不可测，因而被称为“神秘的微笑”。达·芬奇以超群的处理明暗关系的手法和极细微的变化描绘出其面部柔和迷蒙的表情，淡淡的眉毛，纯净、柔和的眼神，神态庄重，使人感到亲切而又不可亲近。她那交叠的双手，庄重中又增加了安静和安详感，由此可见达·芬奇画技的高超。这幅画并没有明丽的色彩，精华在于对人本身的描绘，那梦境般背景上的山岩和流水，更衬托出一点神秘意味。

达·芬奇和米开朗琪罗、拉斐尔是意大利文艺复兴盛期三位大师。达·芬奇是个稀世的天才，他知识渊博，又富于创造性，一生留下7000多件手稿。其中，《最后的晚餐》是描写《圣经》故事中耶稣和门徒们最后的一次晚餐。画中耶稣居中而坐，他的12个门徒分坐两旁，当耶稣说道：“你们之中有人出卖了我!”12个门徒表现出不同的反应。根据这些门徒各自不同的性格，画家描绘了他们各自的动态和表情：有的吃惊，有的急于问清楚，有的含泪扪心，或绝望，或气愤，而犹大这个出卖耶稣的叛徒暗自惊惶不安，手里紧握钱袋，显得十分卑劣和渺小。

这幅画充分表现了画家描绘人的感情和思想活动的才能，被誉为“科学和艺术的结合，哲学又给这结合增添了光彩”。画家着意刻画了善与恶、正义与奸邪、光明与黑暗的斗争，歌颂了以耶稣为代表的正义力量。

《创世纪》是意大利文艺复兴时期的雕塑家、画家、建筑师和诗人米开朗琪罗的作品。这是画家以神创造天地的《圣经》故事作题材，为罗马梵蒂冈的西斯廷教堂画的天顶画。教堂长方形的大顶约有三层楼高，面积800平方米，四边有变度，很难想象这一巨大的任务是由米开朗琪罗用了4年时间单独完成的。整个画面气势宏大，结构布局独特精到，几百个形象分布在梁柱间，但整体又和谐统一。共画有200多个男女人物，个个都有强烈性格和意志，是那样的完美而富有诗意。尤其是神创造的第一个裸体男人亚当，身体异常健美，头部又集中表现了男性美。这个形象成了那个时代的象征。《创世纪》问世400多年来，世界各地的参观者无不惊服这种神奇的艺术创造。

《马拉之死》是法国古典主义画家雅克·路易·大卫所作。画面表现的是法国大革命时期的革命领袖马拉被刺杀的场面。大卫满腔悲愤地仅仅摄取了马拉被刺死在浴缸里的特写镜头，单纯的情节，庄重而深沉的色彩近乎冷酷，但却庄严地升华出一种崇高的悲剧氛围，好像是一座雕塑纪念碑，静穆地凝缩了“人民之友”马拉为革命献身的伟大精神，令观者肃然起敬。

画的上半部留有大片空间，画面集中于马拉，人物的神情安详。鲜血从马拉的胸膛流淌下来，染红了雪白的浴巾，他的头颅无力地垂下，他手里却紧握着那支准备签字的鹅毛笔，浴缸旁边是凶手匆匆忙忙留下的匕首。大卫创作此画的目的非常明确：让人民看看敌人是多么凶残！要为马拉复仇！大卫的绘画作品气度严峻，富于理智，调子庄重深沉，构图和形象处理精到，几乎无懈可击。

《拾穗者》是法国画家米勒所作。米勒出身农家，从小就在田里干活，深知农民生活的艰辛。因此，成为画家后，决心把艺术奉献给“泥土上的英雄”。《拾穗者》所描绘的正是平凡而伟大的“泥土上的英雄”。画面柔和，构图平稳，没有任何刺激视觉的色彩和动态，就像未曾修饰过的自然图景一样。

三位农妇正在紧张地捡穗，显得很疲劳。右边一位似乎正想直起腰来稍稍休息一下，却舍不得浪费时间，又将右手伸向地面。整个画面沉默无声，但在这一片静穆中倾注了画家对用“眉毛上的汗水”养活自己的人的崇高敬意。这些善良的人们因勤劳而高尚，他们祖祖辈辈生活在这块土地上，这是一个带有宗教意味的无比壮丽的悲剧。

复习思考题

1.什么是书法？应从哪些方面欣赏书法？

2.中国画有哪些特殊的表现手法？

3.欣赏西方绘画应注意哪些方面的问题？

4.谈谈怎样欣赏摄影作品。

第七章　小说、诗歌、散文美

第一节　小说美

一、小说概述

小说是文学的一大类别，是以生活本身的形式反映生活的叙事性文学体裁，以对人物、情节和环境的具体描绘反映社会生活为基本特征。它不受时间、空间和真人真事的限制，可以借助于虚构和想象，兼用人物的语言和叙述人的语言，运用叙述和描写等多种表现手法，多方面深入地刻画各种各样的人物性格，表现错综复杂的矛盾冲突，充分展示社会生活。

在中国文学发展史上，它的成熟晚于诗歌和戏剧，但其数量之多，成就之大，影响之深可谓后来居上。古代神话、传说是其雏形和源头，经汉魏南北朝的志怪小说，到唐代传奇使小说进入成熟发展阶段。与志怪小说相比，唐传奇篇幅长，情节复杂、生动，叙述委婉曲折，在人物形象的刻画也有了许多新的特色。话本是宋代文学的一朵奇葩，初步表现了现实主义的创作方法，它最大的革新在于采用了白话，这种新的文学语言成功地推动情节的发展，生动地描绘了人物的性格，用对话传达人物的心理活动，使不同人物有各自的语气，这使小说艺术有了重大发展。

明代小说，光彩夺目、硕果累累。其中优秀的长篇有《三国演义》《水浒传》及《西游记》。第一部文人独创的小说是《金瓶梅》。此外，还有《北宋老传》等英雄传奇小说，《封神演义》等神魔小说，《新列国志》等历史演义小说，《三言》《二拍》等短篇话本小说，在文学史上也都有一定地位。

清代小说创作，在明代的基础上登上高峰，作者多是有意创作。蒲松龄的《聊斋志异》是文言小说的名篇；吴敬梓的《儒林外史》取得讽刺小说的最高成就；曹雪芹的《红楼梦》无论在思想上、艺术上都取得了前所未有的成就。19 世纪初叶，还有李汝珍的《镜花缘》也榜上有名。此外，传奇小说、历史小说、才子佳人小说，也有不少佳品。

到了近代，古典小说衰退，谴责小说兴盛。名作有：《官场现形记》《二十年目睹之怪现状》《老残游记》《孽海花》等。五四运动前夕，鲁迅连续创作了《狂人日记》《孔乙己》《药》三篇白话小说，使中国小说出现崭新的面貌。

小说的分类，由于标准的不同，极为杂乱。在近现代文学中，根据小说的篇幅容量大小，分为长篇小说、中篇小说、短篇小说和小小说即微型小说等。

长篇小说篇幅长、人物多、情节复杂。它通过对广阔的社会生活的描绘，反映出一定历史时期的社会本质和发展趋势。如《红楼梦》《子夜》《李自成》《钢铁是怎样炼成的》《红与黑》《暴风骤雨》等。短篇小说篇幅短，情节比较简单，人物不多。它截取生活中具有典型意义的一个横断面，运用最经济的手段来反映现实，使读者见微而知著，如《药》《春蚕》《小二黑结婚》《羊脂球》《变色龙》等。中篇小说介于长篇和短篇之间，在内容和形式等方面接近于长篇小说，只是篇幅比长篇短，如《人到中年》《天云山传奇》《大墙下的红玉兰》《老人与海》等。小小说篇幅更短小，它密切联系实际，迅速反映生活，在千字左右的篇幅里，做到人物鲜明、情节完整、有理有情、发人深思，如《一件小事》《瞎子》《永远的蝴蝶》等。

二、小说的美学特征

在现代，小说是拥有读者最多的文学体裁。一部好小说，一人传十，十人传百，令人废寝，使人忘食，给人美感，催人发奋，其传播面积之广，影响力之大，超过任何时代。这和小说美是分不开的。小说美表现在多方面，大致有形象美、环境美、主题美、结构美、情节美、节奏美、风格美、语言美、形式美等。但小说最主要的特点是细致而多方面地刻画人物性格，生动而完整地叙述故事情节，充分而多层次地展现人物活动的环境。因此，典型形象美、环境美和情节美，是小说最突出的美学特征。

1.能够多方面细致刻画人物，塑造栩栩如生的典型人物形象

由于小说不受时空的限制，又能兼用人物的语言和叙述人的语言，所以，作者可以自由地运用各种表现手法来直接塑造人物形象。既可通过人物的对话、行动、外貌和心里活动细致入微地刻画人物性格，又可通过环境气氛的渲染烘托来显示人物的个性特征。同时，由于小说不受真人真事的限制，作者还能够更多地发挥自己的想象，运用虚构的手法，多方面地揭示人物性格的发展，表现人物之间错综复杂的关系。因此，小说中的人物形象特别鲜明、生动、富有典型意义。 一部小说，都会有一个或几个典型形象，这些形象个性各异，呼之欲出。

以我国近现代小说为例，鲁迅笔下的阿 Q，是半封建半殖民地社会不觉悟的贫苦农民的典型，而祥林嫂则是受政、族、神、夫四条绳索束缚的封建社会农村劳动妇女的典型。茅盾塑造的吴荪甫是我国 20 世纪 30 年代民族资产阶级的典型。老舍塑造的“祥子”是被侮辱被损害的城市个体劳动者的典型。小二黑是解放区农村民主改革时期的新一代农民的典型，而

梁生宝则是农村社会主义革命的带头人的典型。所有经过作家典型化的创作方法塑造出来的形象，凝结了作家的审美情感，表现了作家的审美理想，读者通过欣赏作品中的典型人物形象，自然会领略到强烈的美感。所以，小说一般都具有较高的审美价值。

2.能够表现更为完整、更为复杂的故事情节

由于小说篇幅长、容量大，作者在作品中设置出曲折、真实、含蓄、生动的各种情节，细致地描绘各方面的社会生活，表现更为完整、复杂的矛盾冲突，把各种人物性格刻画得惟妙惟肖，能使读者领略到“栩栩如生”“活灵活现”“妙趣横生”的审美情趣。这是别的文学体裁无法比拟的。抒情诗没有情节，叙事诗虽有情节，但比较简单。叙事散文、报告文学等也有情节，但在作品中不占主要地位。戏剧有完整的故事情节，但没有小说的情节复杂、曲折和多样。

例如，托尔斯泰的《战争与和平》、曹雪芹的《红楼梦》、姚雪垠的《李自成》等，都展示了一定历史时期广阔而复杂的社会现实，包含着一系列生动、丰富、连贯的情节和细节，这是任何一篇短文、一台戏、一首诗都难以表现的。

3.能够具体地描绘各种复杂的环境

环境是人物活动的场所，是事件发生的场地。文学作品中的人物都是在特定的历史环境中活动的，人物的性格也是在一定的环境中形成的。小说正是运用典型人物和典型环境相辅相成的特点，将人物所处的时代和阶级关系、阶级斗争发展的趋势以及人物活动的空间，广泛地细致地加以描写，为读者展现一定时代的丰富的社会历史内容。小说中的典型人物和典型环境具有极高的审美价值。戏剧受舞台的限制，表现运动中的环境有困难。电影受拍摄条件的限制，不及小说那样自由灵活，只有小说可使上下几千年、纵横几万里的各种不同的社会环境和自然环境都得到最充分最具体的表现。

例如，高尔基在《母亲》开篇描写厂区那阴郁而骚乱的图画；鲁迅在《祝福》中精心描绘的和祥林嫂的死恰成对照的“醉醺醺地空中蹒跚”的鲁镇一片乐观的气氛；吴敬梓笔下的南京秦淮河上的画船箫鼓；茅盾《子夜》里响着“雷一样数目字的嚣声”的上海交易所……都是特定的环境，都是不同人物性格和事件发展的不同的时代风貌和社会环境。

小说的其他美学特征与别的文学形式有共性，本章不做详细介绍。

三、小说的阅读与欣赏

1.把握情节发展的线索和过程

线索是情节发展的脉络，它把有关场面贯穿起来构成了故事情节的整体。一部作品，一般只有一条线索，有的作品则有几条线索，这样就有了主线、副线、明线、暗线之分。主线是贯穿作品始终的主要情节发展的线索。主线不明，势必损害情节的完整性。副线是次要情节发展的脉络。它可以是一条，也可以是几条，但必须紧紧围绕主线展开，从不同的侧面丰富主线的内容，为突出主线服务。

明线是作品中人物活动或事件发展所直接呈现出来的线索，它可以是主线，也可以是副线，可以是一条，也可以是几条。暗线是作品中没有直接描绘的人物活动或事件间接显现出来的线索。暗线多为副线，有时也是主线，它与明线配合，形成有机的情节整体，为刻画人物性格和深化作品主题服务。

例如，蒲松龄的《促织》，全文是围绕促织的得失这根主线，运用浪漫主义的手法展开情节的。而莫泊桑的《项链》则是围绕借——丢——赔项链一线展开情节的。鲁迅的《药》则是以华家买药为明线，革命者夏瑜被杀为暗线，交错发展来刻画人物性格的。

在了解线索的同时，还应有情节发展的过程。现实生活中有矛盾冲突，生活事件的展开有始有末、有起有伏。小说的情节发展也有一个过程。一般分为开端、发展、高潮、结局四段。开端是指矛盾冲突正式展开，它确定冲突的性质，规定情节发展的途径，埋伏了人物性格的发展趋势。发展指矛盾冲突从展开到激化的演变过程。在这个过程中，人物性格逐步展现，矛盾冲突走向尖锐，主题也愈加明朗。高潮指矛盾冲突充分激化，对立双方的斗争发展到最紧张最尖锐的阶段，通常是决定主人公命运和前途的关键时刻。经过高潮，矛盾转化，故事进入结局部分。结局是矛盾冲突完全解决、人物性格的刻画已经完成、事件有了最后的结果、主题思想得到了最充分展示的阶段。有的作品，还有序幕，它是指在作品基本冲突展开前，对故事发生的社会条件、历史背景、主要人物和其他人物相互之间的关系等做的提示、说明或交代。也有的作品还有尾声，它是作家对基本情节所做的补充性交代，一般是介绍主要人物未来的命运或事件发展的远景。

有的作品开门见山，单刀直入，无序幕。有的作品戛然而止，余味无穷，无尾声。有的作品笔墨简洁大胆省掉某一部分，有的作品则匠心独运倒置次序。比如鲁迅的《祝福》就是一个典型的例子。作者先写祥林嫂的悲惨结局，造成悲剧气氛，再倒叙她的坎坷人生，增加了对封建礼教的控诉力量。

了解了情节的发展，还应了解它与人物思想性格变化的关系。情节是展示人物的性格，表现作品主题的艺术手段，随着情节的发展，人物性格就会充分显示出来。常见的有两种：一种是随着情节的发展，人物的思想性格逐步展现深化。如《林海雪原》中杨子荣对党忠诚的优秀品质和机智勇敢的坚强性格，就是通过练黑话、进雪山、制服座山雕、滑雪练硬功、盛布酒肉兵和舌战小炉匠等一系列生动丰富的情节展示出来的。另一种是随着情节的发展，人物思想性格发生了变化的人物形象。像《青春之歌》中的林道静，就是随着故事情节的发展，人物的思想、性格也随之发生了变化的典型人物的形象。

2.具体分析人物形象

小说是通过对人物及其活动的描述展开情节表现主题的。因此，鉴赏小说，离不开具体分析人物形象。

分析人物形象，首先要认识人物的生动、可感的个性，即从语言、行动、气质、作风等方面认识人物的独特的形象。也就是通过人物的容貌、神态、服饰等认识人物的性格特点和思想活动，通过人物的个性化的语言，认识人物的阶级地位、思想感情及其职业、经历、文化程度，从人物的行动描写，看人物的特点和内心活动，从人物的心理描写，看人物的精神世界等等。鲁迅小说《孔乙己》中有这样一段：

有几回，邻居的孩子听得笑声，也赶热闹围住了孔乙己，他便给他们吃茴香豆，一人一颗。孩子们吃完豆，仍然不散，眼睛都望着碟子，孔乙己着了慌，伸出五指将碟子罩住。弯下腰去说道："不多了，我已经不多了。"直起身又看一看豆，自己摇头说："不多不多，多乎哉，不多也。"

这里对孔乙己的动作、心理、形态、语言都做了细致而逼真的描写，一个善良、穷酸、迂腐的读书人的形象，活生生地展现在我们面前，使读者如见其人，如闻其声，如临其境。看到这个形象，就使读者联想到辛亥革命前后许许多多下层知识分子的命运，从而进一步认识封建科举制度毒害知识分子的罪恶。

认识人物这些有血有肉，呼之欲出的个性特征，还应进一步了解人物的共性以及共性与个性统一的程度，也就是人物形象的典型性。典型人物是共性与个性的统一体。个性体现在语言、行动、气质、心理、作风等方面，而共性则是人物身上体现出的一定阶级、阶层、集团的某些本质特征。共性寓于个性之中，个性体现着共性，二者是对立统一，不可分割的。

比如鲁迅先生笔下的阿 Q，是一个具有自尊自卑、自欺自慰的独特个性的人物。他明明是未庄最穷的人，却偏偏爱说："我们先前——比你阔得多啦!"明明是未庄挨打最多的人，却偏偏认为是"儿子打老子"；他头上的癞疮疤常被人嘲笑，却别出心裁的报复：“你还不配……”仿佛自己还有几分光荣；他本来反对革命，但一听举人老爷也害怕革命，就又要做革命党了；甚至当他被冤为罪犯而糊涂画供时，还因圆圈画得不圆而觉得有失体面……

这种种特殊的言谈举止和心理状态，形成其独特的个性。个性体现着共性，从阿Q身上体现出的共性就是“中国国民的灵魂”。它主要概括了经受几千年封建压迫的“百姓”——主要是农民，深受压迫而尚未觉悟的弱点：他们的狭隘、保守，对压迫的不满和自发的反抗，以及反抗屡遭失败后无可奈何的种种情绪，特别是精神胜利法。所以，阿Q的形象是个性与共性的高度统一，不愧为不朽的艺术形象。

分析人物形象除认识其生动性、具体性、典型性之外，还应认识他的时代性。小说中的人物形象，是一定的社会生活在作家头脑中反映的产物。因此，人物身上能反映出一定社会的本质和时代精神。不同的作品，反映不同时代的时代精神。长篇巨著如此，微型小说也不例外。

例如，微型小说《瞎子》中的那位瞎子，为了不让自来水哗哗自流，在关闭水龙头时摔倒了，从生理上说，他是个瞎子，但在对待社会公物上却心明眼亮。而那位生理上不瞎的小青年，视自来水白流而不见，成了缺乏社会公德的“瞎子”。这一故事，以小见大，启示人们重视精神文明的建设，加强思想教育，培养有社会主义时代精神的青年一代，具有不容忽视的社会现实意义。

3.分析环境在塑造人物形象中的作用

典型环境是塑造典型人物的必要条件。环境又包括自然环境和社会环境两种。自然环境是人物活动的场所。社会环境指决定人物思想性格，驱使人物行动的人与人之间、阶级与阶级之间的关系。

革命导师马克思曾经指出：“人是社会关系的总和。”任何典型形象都离不开人物所处的社会环境。《钢铁是怎样炼成的》中的保尔·柯察金那种鲜明而强烈的爱憎感情，对苏维埃祖国的无限忠诚，以及共产主义的劳动态度等特点，正是在十月革命初期苏联人民反对帝国主义的干涉，粉碎白匪的斗争中，在经济恢复时期，在布尔什维克党的教育下形成和发展起来的。

古典文学名著《水浒》中的高俅，由一个游手好闲的无赖爬上统治阶级的高层，他所处的生活环境，他与周围人物之间的关系就跟别人不同。同是梁山好汉，林冲、武松、鲁智深、李逵、石秀、时迁、孙二娘等，也因各人的经历和处境不同，个性各显异彩。因此，我们阅读作品时，只有分析人物所处的社会环境，才能既揭示典型性格的社会根源和阶级依据，又深刻理解作品反映的社会生活的本质。

自然环境比之社会环境是第二位的，但经过典型化的途径创造的自然环境，也是表现主题和刻画人物的重要因素。它对衬托人物的身份地位，刻画人物的性格，表述人物的心情，渲染气氛等，都有很大的作用。

例如，曹雪芹把贾宝玉放在怡红院，把林黛玉放在潇湘馆，这对刻画这两个不同叛逆性格的人物，无疑是最佳的环境。再如，鲁迅在《故乡》开篇描写的景色："时候既然是深冬，渐近故乡时，天气又阴晦了，冷风吹进船舱中，呜呜作响，从篷隙向外一望，苍黄的天底下，远近横着几个萧索的荒村，没有一丝活气。"这段描写，形象地反映了农村的凋敝，"我"的心境的悲凉，具有强烈的渲染作用。可见，欣赏小说，了解景物的描写是不能忽略的。

第二节　诗歌美

一、诗歌概述

1.诗歌的形成与发展

诗歌是文学的一大类别，是最早出现的一种文学体裁。正如鲁迅提出的，远在文字产生以前，原始人集体劳动中的有节奏的“嗨呦嗨呦”声，就是原始诗歌的创作。可见诗歌历史之悠久，要比文字的年岁大许多。

诗歌，是诗与歌的合称。在产生初期，诗歌、音乐、舞蹈三者合一，不具独立形式。后来诗与歌，以合乐不合乐来区分。现在不管合乐不合乐，统称为诗歌。

处在口头文学阶段的原始歌谣，在文字出现之后，突破了时空的限制，迅速发展。《诗经》是我国最早的一部诗歌总集。它收集了从西周至春秋中叶近五百年的诗歌305篇，从各个不同的侧面形象地展示了周代的社会生活，比较真实地反映了我国奴隶社会由兴到衰的历史面貌。屈原及其骚体诗以独创的艺术形式，集中反映了封建社会取代奴隶社会的尖锐的矛盾斗争，批判了贵族宗臣的腐朽和黑暗，满腔热情地追求憧憬着理想的美政。屈原是我国封建社会第一位诗人，也是文学史上伟大的浪漫主义诗人。

汉代是一个由先秦四言诗和骚体诗向五言诗发展的过渡时代。

魏晋南北朝文学上的主要成就是诗歌。从曹操、曹植父子，经阮籍、左思到陶渊明，是五言诗发展并取得很高成就的时期，而陶渊明是此时文学成就最高的诗人。

隋唐五代，以唐诗为特色。初唐诗人陈子昂以其诗歌理论和创作推动了唐诗的发展。盛唐诗坛群星璀璨，以高适、岑参为代表的边塞诗派，以王维、孟浩然为代表的田园诗派，在我国诗坛均有一定地位。李白的浪漫主义风格，杜甫的现实主义精神更是魁斗醒目。中唐诗坛继续繁荣，白居易发起的新乐府运动，对后世产生了积极的影响。晚唐政治腐败，诗坛寂寞，但仍有杜牧、李商隐、皮日休、杜荀鹤、聂夷中等诗星闪烁。

宋代诗歌走向现实主义，涌现出一批优秀诗人，如王安石、苏轼、黄庭坚等。北宋灭亡之后，诗坛发出不少悲愤之音，陆游是其中杰出的代表。他的诗继承和发扬了屈原的浪漫主义和杜甫的现实主义传统，表达了汉族人民的雪耻决心和抗战激情。同一时期的杨万里、范成大也有不少吟唱祖国河山，反映农民疾苦的佳作。南宋亡国之际，产生了文天祥表现民族气节的诗歌。

宋代文坛取代诗的地位的是词。词，源于唐代，极盛于宋代。北宋欧阳修、范仲淹、王安石、柳永、苏轼等名家辈出，而以苏轼之词气势磅礴、境界高超、别立豪放一宗，为后来南宋爱国诗人开辟了先河。辛弃疾继承了苏轼的革新精神和豪放气概，用词表现他的抗金爱国的意愿，把宋词的思想和艺术提高到空前的程度。“婉约派”的正宗词人是李清照，其艺术技巧具有极高的审美价值。

元、明、清文坛的坛主地位渐被元曲、杂剧和小说取代，作家虽不少，但作品远不及前代，直到近代龚自珍才打破诗坛沉寂，但他总摆脱不了资产阶级的阶级局限性，而且作品大多已失传。

五四运动以后，诗坛重新活跃起来，在继承古代诗词传统的基础上，自由诗蓬勃发展，出现了郭沫若、闻一多、艾青、何其芳、郭小川、李季等一大批诗坛巨匠，使中国诗歌艺术的殿堂更加绚丽，更加迷人。

2.诗歌的类别

诗歌按不同标准，可分为不同的类别。以表达内容的方式可分为抒情诗和叙事诗。抒情诗主要通过直接抒发作者内心的思想感情来反映时代精神和社会风貌。一般没有完整的故事情节和人物形象，即使有某些片断景物，也是为了托物言志、借景抒情。根据作者对客观事物的态度和作品内容又可分为颂歌、哀歌、恋歌、田园诗、山水诗、讽刺诗、咏史诗等类别。

叙事诗是用诗的形式来描写事件，塑造人物，以反映现实生活。它有较完整的故事情节和人物形象，但不强调细致的描绘，而注重于诗人对故事中人物形象的丰富感情。叙事诗是以叙事为主，其中夹有很浓的抒情成分。抒情诗是以抒情为主，其中也有一些有关的人和事的描绘。

就诗歌的语言格式可分为格律诗和自由诗。格律诗是字数、顿数、句数、行数、韵脚、声调都有统一规定的诗体。我国古代诗歌中五言、七言的绝句律诗，排律以及词曲格调都属格律诗。其中最典型的五言、七言律诗，形式工整，音调优美，便于吟诵记忆，但形式刻板，束缚思想，又不易掌握。

自由诗没有格律的限制，不求节、行、字的整齐，押韵也较自由，虽注意节奏，但并不讲究有规律的组合音节，而是顺乎口语，自然错落，形成间歇，因而便于自由表达复杂奔放的思想感情，由美国诗人惠特曼首创，中国五四运动前后以郭沫若为代表的不少优秀诗人普遍使用。

我国诗坛，还有以运用语言的形式分类的新诗和旧诗。旧诗即旧体诗，以古代汉语即文言为其语言表现形式。新诗即新体诗，以现代汉语即白话为其语言表现形式。

二、诗歌美的构成

诗人何其芳曾给诗歌下了这样一个定义："诗是一种最集中地反映生活的文学式样，它饱含着丰富的想象和情感，常常以直接抒情的方式来表现，而且在凝练和谐程度上，特别是节奏的鲜明上，它的语言有别于散文的语言。"这一定义展现了诗歌的基本审美特征，概括了诗歌美的构成。

1.诗歌的意境美

意境是文学作品所描绘的生活情景 (或自然景色) 与作者强烈真挚的思想感情融合而成的一种艺术境界。

意境包括"意"与"境"，即"情"与"景"两种因素。"意"是诗中表达的思想感情，"境"是诗中描绘的具体景物和生活画面。情是主要的，景则是手段。写景是为了抒情。"情景交融"就是指意境美。情与景的结合，一是即景述怀，直抒胸臆。

如王之涣《登鹳雀楼》的起笔，从远、近两个角度写景，"白日依山尽，黄河入海流"，气象雄伟，境界广大，在这样的环境里，自然产生

"欲穷千里目，更上一层楼"的情怀。自然情景交融，绘成一幅具有鼓舞力量的画面——只要不断努力，勇于攀登，就能看到更美好的事物，更新的天地。这首诗寓情于景，使人心领神会。

李白《黄鹤楼送孟浩然之广陵》诗中"故人西辞黄鹤楼，烟花三月下扬州，孤帆远影碧空尽，唯见长江天际流"，全诗无一字写离情别绪，但全然寓于水天一色的景色之中，故人已去，而思念却像不尽江水绵绵不断。

诗歌中的形象和画面是诗人创造意境的手段，鉴赏诗歌就要从分析形象入手，进入诗歌的意境。也就是说，欣赏抒情诗，要先从景物的画面入手，欣赏叙事诗，要先从分析人物和事件的形象入手，然后通过联想和想象，进入诗的意境。

为什么要通过联想和想象呢?因为诗歌的语言精练、含蓄、跳跃，它既有表面的意思，又有内在的隐含；既有比喻义，又有象征义；成分可以减少，意义可以隐含，过程可以省略，语气可以间歇，感情可以跳跃。因此，必须充分发挥想象和联想，沿着诗歌感情发展的线索，把减少的成分添加起来；把隐含的意义揭示出来；把省略的过程衔接起来；把间歇的语气连贯起来；把跳跃的感情连缀起来，特别是把那言外之意、弦外之音挖掘出来，使作品的形象丰富起来，充实起来，才能领会诗歌所表现的丰富的生活内容。

"孤帆远影碧空尽，唯见长江天际流"，"朱门酒肉臭，路有冻死骨"，"沉舟侧畔千帆过，病树前头万木春"……唐诗中这些脍炙人口的佳句所勾画出的绝妙的意境，如果读者不善于进行积极的想象和联想，或者缺乏必要的生活感受，这些美好的文学形象也就没有多大意义了。

2.诗歌的抒情美

古今中外，一切优秀的诗作都是情感喷发的果实，正是情感的激流，推动诗人进入创造过程。"情动于中而形于言"，诗歌本身的特点，首先也就在于集中强烈地抒发感情。别林斯基说得好："情感是诗的天性中一个主要的活动因素，没有感情，就没有诗人，也没有诗。”郭沫若也说过：“诗是强烈的情感的录音。”诗人艾青也强调“抒情在诗里存在”。诗人郭小川认为：“诗的主要功能是抒情。”缺乏情感的诗歌，不论想象多么丰富，语言多么形象生动，声韵多么和谐，也是没有艺术生命力的。

几千年来，我国诗坛的创作实践证明情感是诗的直接表现对象，是诗的灵魂。自“诗三百”开始，中经楚辞、汉乐府、魏晋南北朝诗，迄唐诗、宋词、元曲，两千年间诗人们的伤时感世、哀伤民生之作，抗御外侮、忠勇爱国之篇，羁旅思乡、愁妇怀夫之章，情人幽会、弃悲离忧之唱，寄情山水、隐遁林泉之词，哪篇不是表意抒情？相反，《三字经》《千字文》的“人之初，性本善”，“天地玄黄，宇宙洪荒”等，却是借韵话说理论道，不应归入诗作。

同强烈的感情活动相伴随，诗歌中大都飞驰着诗人的想象。我国古代诗歌理论的“六义”说中的“赋、比、兴”，作为诗歌创作中的思维方式和表现手法，都包含着想象的因素，无论是“敷陈其事而直言之者”的“赋”，还是“以彼物比此物”的“比”，或“先言他物以引起所咏之词”的“兴”，都离不开想象。只有让想象自由地展开，“控引天地，错综古今”，诗人的思想感情才能达到充分的表达，诗歌的形象才有动人的色彩。

例如，毛泽东同志的词《蝶恋花·答李淑一》，诗人被革命先烈的牺牲精神所感动，根据人们的理想，想象着烈士的忠魂飞进了琼楼玉宇的月宫，烈士的英雄业绩感动了仙人，吴刚献酒，嫦娥起舞，迎接客人。诗人与烈士的深厚情感和崇高的革命理想在这里达到了高度的结合。

再如屈原的《离骚》，后半篇织入了奇异的想象，把他在现实世界中追求不成的政治理想，带入非现实世界，去上下求索。他忽而济湘南行向舜帝陈词，忽而游到天国去求神女，忽而跑到下界寻找宓妃和简狄，忽而漂泊到西极的天边寻访美女之所在。诗人借此抒发寄托情感。

3.诗歌的语言美

诗歌的语言美，首先表现在诗歌语言的简约美。诗歌的语言凝练含蓄，字数少、容量大、言有尽、意无穷，也就是文字简约、内涵丰富。诗歌要高度集中反映社会生活，要求诗人对语言进行反复的锤炼，以期用有限的寥寥几笔就准确、鲜明、生动地表现出事物的特征，勾勒出一幅目击式的图景并包含着较大容量的思想内容。

皮日休说的“百炼成字”，“千炼成句”，以及马雅可夫斯基说的“你要把一个字安排得恰当，那么需要几千吨语言的收藏”讲的就是这个意思。

古人写诗讲究炼字炼句，就是选择关键性的字眼，使得诗句画龙点睛，传神生色。贾岛的“僧敲月下门”的“敲”，陶渊明的“悠然见南山”的“悠”，王安石“春风又绿江南岸”的“绿”，都是炼字的精华；韩愈的“蚍蜉撼大树，可笑不自量”，王勃的“海内存知己，天涯若比邻”，龚自珍的“我劝天公重抖擞，不拘一格降人才”等，都是炼句的绝唱。

诗歌语言文字简约，除了字句简约外，还表现在高度集中地概括反映社会生活。一切文学作品，都是社会生活的反映，都要求对社会生活进行集中概括，而诗歌的概括性更加突出。它的巨大容量不是表现在对社会生活作直接、广阔的描写，而是体现在集中概括生活中最激动人心、最具特征性的部分，创造出一种感人的艺术境界，来表达诗人的情思。通过这些极有限的生活的触点，去燃起读者的感情，产生巨大的社会作用，从而取得深广的社会意义。例如，白居易《长恨歌》中有这样一段：

骊宫高处入青云，仙乐风飘处处闻。
缓歌慢舞凝丝竹，尽日君王看不足。
渔阳鼙鼓动地来，惊破霓裳羽衣曲。
九重城阙烟尘生，千乘万骑西南行。
翠华摇摇行复止，西出都门百余里。
六军不发无奈何，宛转蛾眉马前死。
花钿委地无人收，翠翘金雀玉搔头。

君王掩面救不得，回看血泪相和流。

百十余字，何等容量！它集中了丰富的内容，传达了强烈的感情，从纵情声色的宫廷生活，写到战火纷飞的动乱年月；从君王的无比宠爱，写到死无葬身之地；从皇上的崇高权威，写到连爱妃也“救不得”……何等深沉，何等尖锐，如果不用诗歌而用别的体裁来表现，不知要增加多少篇幅。

诗歌的语言美，还突出表现在诗歌语言的音乐美。这个音乐美的因素包括押韵、声调、节奏、旋律、双声、叠韵等，其中最主要的是节奏、韵律和声调。下面我们谈谈诗歌的节奏。

郭沫若先生认为，“节奏之于诗是她的外形，也是她的生命”。没有节奏，不能为诗。节奏是根据诗的内容，由诗人对语言的精心安排形成的，她由感情而生，是诗人感情起伏变化的表现。一般地说，轻松愉快的心情，往往表现为明快的节奏；昂扬的情绪，往往表现为急促而有力的节奏；悲哀的情调，又总是表现为缓慢而低沉的节奏。表现在语言的停顿上，不同诗体又有不同的节奏。我国的旧体诗，特别是格律诗的停顿，一般是两言一顿，四言两顿，五言三顿（第五字或第三字为一字顿），七言四顿（第七字或第五字为一字顿），例如：

《诗经·硕鼠》是四言两顿。

硕鼠/硕鼠，

无食/我黍！

三岁/贯女，

莫我/肯顾。

李白《静夜思》是五言三顿。

床前/明月/光，（第五字一言顿）

疑是/地上/霜。（第五字一言顿）

举头/望/明月，（第三字一言顿）

低头/思/故乡。(第三字一言顿)

张继《枫桥夜泊》是七言四顿。

月落/乌啼/霜/满天，(第五字为一言顿)

江枫/渔火/对愁/眠。(第七字为一言顿)

姑苏/城外/寒山/寺，(第七字为一言顿)

夜半/钟声/到/客船。(第五字为一言顿)

押韵，是在每句或隔句用韵母相同的字煞尾。它的作用，主要是使音节和谐动听，便于记忆和传诵，也使行与行之间的划分更为清晰，有助于加强诗的旋律，格律诗用韵很严格，不同声调的字不能押韵，而且要求一韵到底。自由诗用韵不受拘束，只大致押韵，中间还可换韵。有的自由诗还不押韵，完全靠语气的自然节奏、语调的轻重高下来增强乐感。

如郭小川描写森林雪景的诗句：

雪片呀，恰似群群仙鹤天外归，

松树林呵，犹如寿星老儿来赴会。

老寿星啊，白须、白发、白眼眉，

雪花呀，恰似繁星从天坠。

桦树林呵，犹如古代兵将守边陲，

好兵将呵，白旗、白甲、白头盔。

这里是：归、会、眉、坠、陲、盔都是“ui”韵，一韵到底。加上鲜明的节奏，读起来非常豪迈动听，给人以美的享受。

声调，是指语言的高低升降。在古汉语中，平声为“平”类，上、去、入三声为“仄”类。现代汉语中，第一、第二声为“平”类，第三、第四声为“仄”类。平仄两类声调按一定格式交错使用，就有了高低升降，抑扬顿挫，使诗句产生悦耳的音乐效果。古典诗词，声调的变化有严格的规则，平仄的安排必须合乎固定的格式。新诗不讲平仄，但如果适当有平仄交错，语调有轻重高低，便能增强诗歌的音乐性。

平仄是本句内部的声调关系。它以两个音节（即两个汉字）为一个节奏点，平仄交替。近体诗的平仄规律基本上只有以下四种：

仄仄平平仄（七言为平平仄仄平平仄）

平平仄仄平（七言为仄仄平平仄仄平）

平平平仄仄（七言为仄仄平平平仄仄）

仄仄仄平平（七言为平平仄仄仄平平）

例如，杜甫《登高》诗的声调就是：

风急天高猿啸哀，渚清沙白鸟飞回。

（仄）仄平平（仄）仄平（平）平（仄）仄仄平平

无边落木萧萧下，不尽长江滚滚来。

（平）平（仄）仄（平）平仄（仄）仄平平（仄）仄平

（括号内的字，可平可仄。）

三、诗歌的阅读和欣赏

1.疏通字义，理解形象

诗词，特别是我国旧体诗词，由于时代不同和格律诗的限制等原因，造成古今词义差别很大和用字古僻等现象，给我们阅读增加了困难。例如《诗经·硕鼠》中的“三岁贯女”，“贯”是侍奉养活的意思，“女”同现代汉语中的“汝”，即“你”的意思，同现代汉语的用法完全不同。这就要求我们在阅读时先要借助工具书，来疏通字义。否则，很难弄懂弄通，很难领略诗歌的美。

古今中外的诗人，都非常重视语言的锤炼，选择最恰当的语言表达诗歌的主题和作者的思想情感，使诗的形象鲜明，意境优美，感情动人。真是妙用一字，全诗生色。我们欣赏诗歌，就要着力解剖这些关键词语，也就是要抓住“诗眼”，从而展示诗歌形象和其所表达的思想内容。

例如，李商隐《无题》诗中有这样两句：“春蚕到死丝方尽，蜡炬成灰泪始干。”这里用“春蚕”“蜡炬”喻人，用“丝”谐“思”，表达了“要不相思，要不伤心落泪，除非是自身死了”。这是用含蓄形象的语言，表白爱情的深厚，只有领悟这个“眼”，才能理解作者的真实用意，才能领略诗歌语言的美。由于此诗概括性强，它所蕴含的意义已超出了爱情的范围，也常被人们用来歌颂为人民鞠躬尽瘁、死而后已的精神。

2.深入意境，理解内涵

诗人创作时，为了使诗更加生动、形象、感人，常运用各种形象化的艺术描写方法，这些方法除“赋”“比”“兴”三种基本方法外，还有拟人、夸张、象征、比喻、借代等。阅读诗歌，必须弄懂这些手法及其所指形象，才能理解诗句的深刻内涵。

以象征手法为例，如明代民族英雄于谦的《石灰吟》：“千锤万凿出深山，烈火焚烧若等闲，粉身碎骨浑不怕，要留清白在人间。”作者歌颂的那种“粉身碎骨浑不怕，要留清白在人间!”的高尚情操，正是象征民族英雄宁死不屈的坚贞品格。

再如，闻一多的《死水》是象征诗，暗示极其腐朽、令人绝望的黑暗现实。郭沫若的《凤凰涅槃》是象征诗，象征的是中国的再生！莱蒙托夫的《帆》也用象征，孤帆象征寄托着诗人渴望自由，向往斗争的情怀。我们欣赏这类作品，不仅要看到形象的本身，而且要看到形象所替代、暗示的意义。

再如，朱熹的哲理性很强的《观书有感》诗，“半亩方塘一鉴开，天光云影共徘徊。问渠哪得清如许，为有源头活水来。”从表面看，作者描绘了一个池塘美妙的自然景色，但实际上是写勤于治学、善于读书，终有妙得的一种境界。这首诗只有与标题结合起来，方可领略其中非同一般的审美意义。

3.联系作者，领会主题

文学作品是一定社会生活的反映。诗人的创作，往往是由自然景物的变化、某种生活遭遇、社会事件的触动所引起的。也就是说，某种客观的自然和社会现象震荡了诗人的思想感情，激发了诗人的想象，才使他感到非陈诗不足以展其义，非长歌不尽以骋其情，因而产生了诗歌创作。

真正成功、动人的诗歌，总是产生于现实生活的激发之下，真实而集中地反映了一定的社会生活。因此，诗歌所表现的思想内容，常常与作者的经历、遭遇以及创作的时代背景有着密切的关系。鉴赏诗歌，只有了解作者，了解创作的时代背景，才能真正进入诗歌的意境。

如果不了解文天祥在民族压迫下威武不屈的民族气节，就很难认识“人生自古谁无死，留取丹心照汗青”的名句；不了解陆游、辛弃疾亲自参加的气壮山河的民族保卫战，就很难理解《书愤》（早岁那知世事艰）、《示儿》（死去原知万事空）、《鹧鸪天》（壮岁旌旗拥万夫）、《破阵子》（醉里挑灯看剑）这类忧思深重、壮怀激烈的诗词。

同理，你要想进入屈原《离骚》的意境，首先要了解春秋战国时楚国的历史；要揭示苏轼《念奴娇·赤壁怀古》的主题，就必须通晓三国时赤壁之战的情况。

当然，阅读诗歌，并非每首诗都要查阅资料，了解其背景和作者生平。有些诗只表现诗人一刹那的感受，或是反映诗人某种生活的情趣。例如，孟浩然《春晓》：“春眠不觉晓，处处闻啼鸟。夜来风雨声，花落知多少。”即使不了解他的创作背景，也可以领略其中的意境美。

4.反复朗诵，领略诗歌的音乐美

诗歌的韵律、节奏使诗歌富于音乐性。这给朗诵创造了极为有利的条件。反复朗诵，不仅有助于理解作品的思想内容，体会诗的意境，而且能得到美的感受。这种美感在默读中是很难体会到的，而必须读出声来，或放声咏唱，或低声吟诵，反复吟咏，方可真正玩味出其中之味，享受到它的均齐之美，抑扬之美、回环之美、抒情之美。比如诗人郭小川同志的

《青纱帐——甘蔗林》的几句：

看见了甘蔗林，我怎能不想起青纱帐!

北方的青纱帐啊，你至今还这样令人神往!

想起了青纱帐，我怎能不迷恋甘蔗林的风光，

南方的甘蔗林哪，你竟如此翻动战士的衷肠。

初读，就赏到了和谐的韵律美；再读，又品到了明快的节奏美。低吟，浮想联翩，可看到逼真画面；高唱，情感喷发，可领略诗人高昂的激情。

可见，朗读是诗歌欣赏的必要手段。

第三节 散文美

一、散文概述

散文是文学的又一大类别，在中国是稍晚于诗歌而降生的一种文体。现存的我国古代第一部散文集是《尚书》，但《尚书》不是文学性的，具有文学性的散文是春秋战国时出现的诸子散文和历史散文。不过，散文的名字直到唐宋以后才出现，而且和我们现在所说的散文的含义不同，那是用来和骈文对称的。

在中国古代，与韵文相对称，将不需押韵、不讲对仗的散体文章（如史传、论述、颂赞、书记等）统称为散文。随着文学的发展演变，又被用来泛指包括小说、游记、传记文学等所有的文学体裁。

现代则是同小说、诗歌、戏剧文学并称的一种文学形式。游记、传记、参观访问记、见闻录、回忆录、报告文学、杂文等都可以归入散文。

散文的家族相当庞杂。近年来，由于传记、报告文学、杂文已发展为独具特色的文体，所以人们又趋向于把散文的范围缩小，仅把文艺性的叙事散文和抒情散文称之为散文。我们所谈的散文，就限定在这个范围内。

叙事散文以写人记事为主，大都具有较强的抒情色彩。如鲁迅的

《藤野先生》，高尔基的《海燕》，朱德的《母亲的回忆》，刘白羽的《长江三日》，吴伯箫的《记一辆纺车》等就是叙事散文。抒情散文侧重于具体生动地抒发作者的感情，但也写一定的人和事。比如朱自清的《荷塘月色》，茅盾的《白杨礼赞》，杨朔的《茶花赋》，冰心的《樱花赞》等，均是抒情散文。

散文是文学中的“轻骑兵”，它能迅速地反映现实生活中各个领域的新面貌，它能挥洒自如地描写社会主义改革开放和现代化建设的伟大成就，它能随时引吭高歌工农兵和知识分子的英雄业绩，它能多方面地表现人民群众的斗争生活，所以深受人民群众的喜爱。

二、散文的审美特征

散文素有“美文”之称，那么它究竟美在何处呢?

1.散文最显著的审美特征是“形散而神不散”

散有散的美，不散又有不散的美，形散神不散则有统一的美。所谓形散，表现在以下几方面：

(1) 结构自由灵活。散文古代指散体，是与韵文骈文相对而言的文体。与诗歌相比，它不受韵律的约束，也不受节奏的束缚，不受对仗的制约，也不受行节章句的限制。与小说相比，它不要求具有完整的故事情节。与戏剧相比，它又不要求有许多人物的活动和以对话形成的戏剧冲突。它使用口语自然叙述，依据内容自然分段，最灵活，最自由。

(2) 取材自由广泛。散文取材自由，不受时空限制。各种人物事件，风土人情，花鸟鱼虫，山川草木，任君采撷，自由挥洒，可写惊心动魄的战斗场面，也可写社会主义的生活浪花，可以歌唱人民英雄的光辉业绩，也可以赞颂瑰丽多姿的自然风貌，真是“海阔凭鱼跃，天高任鸟飞”。

(3) 表现手法灵活多样。散文集一切文体表现手法之大成，既可像小说那样塑造形象，刻画心理，渲染环境，烘托气氛，也可像戏剧那样描写人物的对话、动作，还可以像诗歌那样运用富有音乐性的语言，直接抒发自己的感情。作者可时而描写，时而叙事，时而议论，时而抒情，也可把各种手法融为一体，夹叙夹议，描写中有抒情，抒情中有描写，以充分表达作者的思想感情，直接阐述作者的见解和主张。

(4) 内容上铺陈得开。散文不像小说、戏剧那样有完整的情节和鲜明突出的人物形象，它往往描写某些生活片断，揭示其社会意义和抒发作者的感情，反映出时代的侧影。有的散文，作家摄取了人的一眉一眼，抓住事物的片断侧面，自由铺陈，纵横驰骋，思接千里，视通万家。就像秦牧的散文一样，几乎每篇都包容了广博的知识，议论滔滔，生发无穷，启迪智慧，令人受益匪浅。

可见，“形散”正是散文“美”之所在。它不受束缚，自由挥洒，使文章妙笔生辉，能表达丰富的思想，给人以深远的意境，引起读者深邃的联想，领悟到更多的道理。

所谓“神不散”，主要是指立意而言，也就是说，它所表达的中心思想集中而明确。散文有“心”，所谓“心”，即贯穿全文始终的思想，一个提挈众目的纲。这个“心”，像磁石一样，使丰富的材料不脱离轨迹。散文中的联想，要受中心思想的制约。材料像颗颗珍珠，每颗都串在中心思想这根线上。联想像光环，一环一环都扣在中心思想的光柱上。这就是散文的立意美。

陶铸的《松树的风格》一文，作者由松树的许许多多高贵的品格，联想到了共产主义风格。这是因为松树所具有的顽强的生命力、自我牺牲精神以及那种从来都不知道什么叫忧郁和畏惧的乐观主义精神，跟共产主义风格有很多相似之处。

再如谢璞的《珍珠赋》一文，作者从洞庭湖盛产的珍珠进而写到这鱼米之乡的稻谷、棉花、莲蓬和湖滨的电灯。这是因为，稻谷像“金黄的珍珠”，棉花像“雪白的珍珠”，莲蓬像“碧绿的珍珠”，电灯又像“千万颗明亮的珍珠”，它们无不闪耀着珍珠的异彩，都出自劳动人民辛勤的双手。

散文“不散”，而且“忌散”。

散文“不散”，还表现在结构上“联系紧”，“收得拢”。作家往往借助于一定的线索，像金线串珠一样，把材料串成一个有机的整体。最常见的线索，一是以含有深刻意义或象征意义的事物为线索，一是用作品中的第一人称“我”作线索。这是散文的结构美。

例如，吴伯箫的散文《歌声》，就是以令人难以忘怀的延安歌声为线索，以唱歌谈起，以歌唱结束，把共产主义的远大理想，毛主席领导青年的奋斗方向，为实现理想、达到方向应当遵守的纪律和注意事项等三大内容，一线相贯，一气唱出，串成一条生活的线，串成一串理想的歌。

以“我”为线索的散文，如巴金的《忆鲁迅先生》，用“我”的回忆，把1926年读鲁迅作品时受到的启示，1936年在鲁迅灵前所想到的鲁迅伟大的一生和1949年10月11日参观鲁迅生平和著作展览时所想到的一切有机地贯穿在一起，使文章内容精炼，结构严谨。以“我”为线索，写的是“我”的所见、所闻、所思、所想，侃侃而谈，自由畅达，使读者觉得更加真实可信，亲切感人。

总之，散文“贵散”又“忌散”。既要求“形散”，又要求“神不散”。既要放得开，又要收得拢。放的美，收的美。既有立意美，又有结构美。这是辩证统一的关系。相反，如果只有“形散”，而没有鲜明的中心思想，文章就松散杂乱；只有“神不散”，具有丰富的联想，文章就不会贫乏呆板。形散而神不散这一具有辩证统一观点的概括说法，确实抓住了散文的本质特征。

2.散文的第二个审美特征是散文具有很强的抒情性，这就是抒情美

抒情性散文理所当然偏重于抒情。叙事性散文，虽然偏重于叙事，但其中也灌注着作者的感情。有情与无情是区别文学散文和非文学散文的重要标志，在各种类型的散文中，我们总会感受到作者的心的跃动，

情的激荡。唯其有情，才显露出作者的个性。优秀的散文家是不回避倾吐真情、流露个性的。可以说，真情、个性，赋予散文以生命、以魅力、以风格。

散文常用直接抒情和间接抒情的方法来抒发作者的真情实感。直接抒情是作者直抒胸臆，直接抒发强烈深厚的感情。散文更多使用的是间接抒情，即通过叙述、描写和议论来抒发作者的感情。好的散文，无论叙事、状物、写景、议论，字里行间都洋溢着诗一般的深情，从而具有强烈的感染力。

以《白杨礼赞》为例，作者是这样激发情感的。在作者写了白杨树的倔强挺立、笔直向上的英姿之后，接着写道：

“……当你在积雪初融的高原上走过，看见平坦的大地上傲然挺立这么一株或一排白杨树，难道你就只觉得它只是树?难道你就不想到它的朴质，严肃，坚强不屈，至少也象征了北方的农民?难道你竟一点也不联想到，在敌后的广大土地上，到处有坚强不屈，就像这白杨树一样傲然挺立地守卫他们家乡的哨兵?难道你又不更远一点想到，这样枝枝叶叶靠紧团结、力求上进的白杨树，宛然象征了今天在华北平原纵横决荡、用血写出新中国历史的那种精神和意志?”

……

“让那些看不起民众、贱视民众、顽固的倒退的人们去赞美那贵族化的楠木（那也是直挺秀颀的），去鄙视这极常见、极易生长的白杨树吧，我要高声赞美白杨树!”

这是托物言志，咏物抒情。热情歌颂了战斗在敌后的抗日游击战士，热情歌颂了我们中华民族的质朴、坚强、力求上进的精神。

3.散文的第三个显著审美特征是语言优美、凝练

散文是与诗歌相通的语言艺术，散文所以能在文苑中成为一枝永不衰退的花朵，能在浩瀚的文海书林中显出别具一格的文学魅力，语言的优美、凝练是重要原因。所谓优美，就是散文语言清晰明丽，生动活泼，如

涓涓细流，叮咚有声，似娓娓而谈，情深意长。所谓凝练，就是散文语言简洁质朴，自然流畅，寥寥数语就能勾画出人物的形象，逼真的场景，显示出深远的意境。

请看刘白羽《长江三日》中的一小段文字：

“……瞿塘峡中，激流澎湃。江面形成无数漩涡，船从漩涡中冲过，只听得一片哗啦啦的水声。过了八里的瞿塘峡，乌沉沉的云雾，突然隐去，峡顶上一道蓝天，浮着几小片金色浮云，一注阳光像闪电样落在左边峭壁上。右面峰顶上一片白云像白银片样发亮了，但阳光还没有降临。这时，远远前方，无数层峦叠嶂之上，迷蒙云雾之中，忽然出现一团红雾，你看，绛紫色的山峰，衬托着这一团红雾，真美极了！就像那深谷之中向上反射出红色宝石的闪光，令人仿佛进入了神话境界……”

这是多么优美动听的文字！作者不仅用诗情画意的笔调描绘了长江的壮丽景色，而且文辞优美，音韵铿锵，节奏强烈，诵读起来，确有“大珠小珠落玉盘”的悦耳之感。

再如，杨朔的《黄海日出处》是这样描写日出情景的：

“这时，东方水天极处，染上一片橙红色，一会染成橘红色，一会又暗下去，暗成浅灰色，就在这片浅灰色里，慢慢烘出一个半圆形的浅红色轮光。轮光下面骨突地冒出半边鲜红鲜红的太阳，越冒越高，转眼跳出水面，于是一轮又红又大的太阳稳稳当当搁在海面上。再往上升，太阳便射出万道光芒照耀着金浪滔滔的汪洋大海……”

文章着墨不多，极其凝练，生动形象地描写出了日出的整个过程和壮丽的景象。

三、怎样阅读和鉴赏散文

1.要立足整体，看清思路，理通脉络，把握立意

一篇好的散文，都是形散而神聚的统一，自身构成了一个完整的特定

系统，要掌握它，就先要从全局着眼，了解各“子系统”及其相互之间的关系。这样，才能遵循作者的思路去把握分析文章的立意所在。

譬如杨朔的散文《海市》，作者起笔先忆“海市”奇景，使人们在情理中产生游海市的愿望，于是接着写下海寻海市，再寻踪进入海市，然后挥墨描绘海市风物，海市人家，海市今昔。让我们循此顺序看一看作者的思路吧：文章落笔就描绘蓬莱仙境的缥缈，海市蜃楼的虚无。之后，又写坐小船去寻那虚无缥缈的海市。这似乎是异想大廾。然而仔细一想，作者正是用这虚幻中的海市来衬托那真实的人间海市。所以作者文笔一转，以真切的写景，动人的纪实，描绘出人间的海市风物、海市人家和海市今昔。这样就容易理解作者如此布局的匠心所在，这就是社会主义正在使美妙而虚幻的海市成为人间真实的写照。

2.要吃透词意，注意手法，由“形”见“神”，体会内容

散文常常用各种手法托物言志。比如通过对白杨的礼赞，歌颂敌后抗日根据地的军民和中华民族的质朴、坚强、力求上进的品格。通过对蜜蜂的赞美，赞颂用辛勤的劳动建设新生活的劳动人民。通过写松树的品格，颂扬共产主义风格等等。

在散文作家笔下，一山一水，一草一木，一花一叶，一虫一鸟，一人一事，一物一景，一器一皿，一句话，一支歌，皆可寓入深意。因此，我们欣赏和阅读散文，就必须注意作者使用的各种表现手法，从词意到寓意，从所托之物到所寓之意，从散文的“形”到不散的“神”，深入体会文章的内容。

还是以《海市》为例，作者在写“倚山抱海”的蓬莱古城，“凌空欲飞”的蓬莱仙阁和空明澄碧的海天之后，说各种景色可以“把五脏六腑洗得干干净净”，为下文海市蜃楼幻景的出现，作了绝妙的铺垫。接着作者又用“只见”“一时”“一会儿”“又过一会儿”“转眼间”等表达时间的词语，用“藏”“露”“现”“消”等表达动作的词语，以及用“劈面

而起”“隐隐露出”“游动”“影影绰绰”等描绘形象的词语，写出了海市变幻莫测的“奇”与“幻”，使人如临其境。接着写海蓝得使人心醉，“真想变成一条鱼，钻进波浪里去”。

在这样一个美景的衬托下，再写那渔村的青堂瓦舍，海一般碧绿的庄稼，穿红挂绿的渔家妇女，水中的鱼，岛上的花，春色满园的渔村新貌，就显得诗意盎然，美不胜收了。在这虚幻仙境与人间仙境的相互映衬中，于加上灾难岁月与幸福今朝的强烈对比，不就更加突出了文章的主题了吗?抓住这些特点，我们就能更深入地体会到它的丰富的内容。

3.由此及彼，由实到虚，展开联想，领会神韵

散文意境的创造，要借助于想象。想象是情与景之间的彩桥，是形与神之间的纽带。阅读、欣赏散文，就是通过想象由此及彼，由实到虚，方可领会神韵。比如，作家创作时，由姿态美丽的茶花、童子面茶花，联想到祖国欣欣向荣的面貌；由蜜蜂的酿蜜，联想到辛勤耕作的农民；由松树的品格联想到共产主义的风格；由海市蜃楼联想到人间仙境——社会主义渔村的幸福美景。

我们欣赏这些作品时，也必须靠联想，否则，不能理解情与景之间的联系，也就不能进入作品的意境，更不能理解作品的神韵。

总之，阅读和欣赏散文，如能注意上述主要方面，就会对散文的美读有所得，心有所悟，获益更多。

复习思考题

1.小说的美学特征表现在哪几个方面?

2.欣赏诗歌应注意什么?

3.简述散文的审美特征。

第八章　音乐、舞蹈美

第一节　音乐美

音乐，就是用有组织的乐音来创造艺术形象，表达人们的思想感情，反映现实生活的一种艺术。音乐美学是从哲学、心理学、社会学等角度来研究音乐艺术普遍规律的学科，是美学的一个分支。

音乐分为声乐和器乐两种基本形式。声乐是用人的声音结合语词作为表现手段的歌唱艺术。它把语言的意义和音乐的抒情因素结合了起来，比器乐具有较为确定的认识内容。中国古代声乐有着极其深厚的传统，积累了丰富的经验及理论。中国声乐在语言的自然声韵与音乐的曲调高度结合上，达到了相当高的艺术水平。

器乐包括管乐、弦乐和打击乐，它由于没有直接的语言艺术的影响，因而更带有概括性，艺术境界更为广阔。声乐和器乐通过其特殊的艺术形象和艺术语言反映生活，具有深刻的表现力和感染力。每个欣赏者只要掌握了一定的音乐表现规律，并结合生活经验，发挥主观想象，都可以感受到大致相同的音乐形象。这种为欣赏者所感受到的艺术形象，就是音乐美。

一、音乐美的产生发展

音乐产生于劳动之中，节奏是音乐的要素之一，音乐的起源和劳动的节奏有着密不可分的关系。

节奏本来是一种自然现象，花开花落，四时更替，以及动物的呼吸心跳，行走奔跑，都具有明显的节奏。原始音乐产生于原始人的生产劳动中，原始人在劳动了一天之后，经常围坐在火堆四周休息、娱乐，这时，劳动中有节奏的呼喊声，劳动工具有节奏的敲击声，便构成了人类最早的音乐——原始音乐。原始音乐音调极其简单，而且缺乏规范化的旋律。但是，它毕竟吹响了艺术的号角，揭开了人类文明史上光辉灿烂的一页。

原始音乐和原始舞蹈、诗歌结合起来，人们发现了一些比较悦耳的音，由此逐渐总结出了音阶。据史料记载，在我国，五声音阶正式形成于商周之际，七声音阶约出现于春秋时期，并通过一定渠道传到了西方。音阶的出现，为原始音乐升华为一门艺术提供了基本的前提条件，是音乐史上一个重要的里程碑，人类从此步入了以乐音为要素的文明音乐时代。

在奴隶社会和封建社会，有了专门从事音乐事业的人。宫廷音乐，民间音乐都有了迅速的发展，不仅作品数量增多，而且类型纷呈，风格迥异。音阶的出现，为乐器产生提供了契机。人们用各种材料发明了种种乐器，器乐曲也随之产生了。这样，音乐便从其他艺术中分离了出来，成了一门独立的艺术形式。

近代和现代的中西艺术交流，大大地推进了音乐艺术的发展。西方的乐器、乐曲和歌曲传来中国，中国音乐艺术也在西方广为流传，使世界音乐艺术进入了一个新的发展时期。在各种思潮的影响下，印象主义音乐、新古典主义音乐、具体音乐、空间音乐和通俗音乐等各种流派相继产生，使音乐艺术发展到了一个新阶段。

二、音乐的审美特征

1.擅长表情

音乐是一门主情艺术。与文学、绘画、雕塑相比，唯有音乐最能直接地表现和激发人们的感情。我们知道，人和社会生活的关系是极其复杂的，人的思想在主客观因素的制约下，不仅不断运动变化，而且常常伴随着内在的矛盾。人的内心世界中潜在的、朦胧的、难言的种种感情，许多说不清、道不明的心理反应，如用语言文字表达，往往显得苍白无力，其他艺术也相形见绌，唯有音乐才能曲尽其妙。音乐以它特有的语言，即旋律、节奏、音色等的有机组合和运动，创造出流转起伏、奔腾回环的艺术境界，塑造出深刻感人的艺术形象。这正是别的艺术难以反映的感情中最复杂的领域。

音乐艺术之所以擅长表情，首先是因为音乐是时间的艺术，它能逼真地表现事物的运动和变化。根据艺术形态的特征，艺术可分为时间、空间和时空三大类。其中，属于时间艺术的只有音乐一种形式，从欣赏者感官来分，主要有视觉和听觉两种形式。音乐是听觉、时空、动态艺术，它以听觉引起想象，以联想创建形象，这种形象没有视觉那么明晰，从而为人创造形象、表达感情留下了广阔的余地。

音乐之所以擅长表情，还有一个原因，即音乐家在创造音乐形象时，以自己纯朴真挚的情感去着力刻画人物的精神世界，而不是对外在世界的描绘和具体情节的叙述。有时音乐也会模拟外部世界的某些音响，如风雨声、流水声、脚步声等，这种描绘是为了创造一种意境和气氛，以更好地激发人的情怀，是对抒情的辅助。

例如，贝多芬的第21钢琴奏鸣曲《黎明》，就绘声绘色地表现了一幅大自然的情景，它使人们联想到黎明到来时小鸟的啾啾声和自然界的各种声音。在灿烂的阳光下，莺啼燕语，清泉潺潺，以此来抒发人们被大自然陶醉的心灵和对未来美好的憧憬。可见，音乐是用声音来描写灵魂的一种艺术，它只有诉诸情感，方能表现心灵，感动别人。感情也只有凭借音乐这种艺术形式，才能把人们带入只有它可以进入的美妙境界，给人一种神圣的超越感和崇高感。音乐艺术使人超凡脱俗，视通万里，直观宇宙的本体和生命。

2.音乐含义的不确定性

音乐擅长表情，但并不能直观地表达明确的思想和具体地确定这些情感所赖以产生的那些依据。它是建立在听觉基础上的艺术，只能提供可感的听觉形象。凭借人们的听觉，人们不仅感知到它的客观存在，而且能体验到音响有意味的变化，形成一定的音乐形象，从而得到一种美的享受。因此，音乐所揭示的不是具体现实的、直接的、个别的现象，而是对这些现象的总的反映，其含义具有不确定性。越是音乐中的精品，越具有概括性，这种概括性正是音乐艺术的一个重要审美特征。

由于音乐含义的不确定性，因此对于音乐的领会比起其他艺术形式来，思想和想象常常不太确定，同一个音乐作品，特别是在无标题的器乐作品里，不同欣赏水平的人，常常依赖各自不同的感受，来解释其感受到的音乐内容。人们在感知音乐形象存在的同时，却对音乐形象有着不同的理解。人们能产生喜、怒、哀、乐等感情，但喜、怒、哀、乐每一具体的情感又可分为若干种。如喜，是轻松愉快，是喜气洋洋，还是心花怒放，是惊喜，狂喜，还是暗喜等，这是很难有统一的感觉的。音乐不像文学艺术那样把事件的具体细节描述的清楚，而是靠乐音有规律的运动，靠音符的无穷组合，来体现内心世界的运动过程。所以，人们才能在广阔的领域内体验到美的无限丰富性。

音乐艺术的“空筐结构”也是其不确定性的典型表现。所谓“空筐”，就是艺术家为千百万观众提供的想象力空间，观众用自己的想象力在“空筐”中进行再创造。如果一部音乐作品，只有一种含义，一种具体解释，那就不可思议了。凡是经得住时间考验的艺术作品，必具有恒听恒新的性质，有着不朽的生命力。贝多芬所以伟大，就在于他为人类艺术宝库提供了好几个卓然独立、雄视千古的音乐“空筐”。《英雄交响曲》《命运交响曲》《田园交响曲》《第九交响曲》等作品，都是那样空灵而深邃、壮阔而绮丽，把乐队指挥、演奏家和听众丰富而复杂的生活阅历统统装了进去。无怪乎有人讲：贝多芬是永生的，有多少人就有多少贝多芬。

音乐的不确定性，反映着音乐对事物运动过程的概括，说明了音乐中渗透着哲学思考。如巴赫的《平均律钢琴曲集》，就是德国古典音乐家用音乐语言表达自己的世界观和德国古典哲学共同探讨人生深奥哲理的一部音乐作品。它共有 48 个赋格主体，每一个主体反映一种不同的情绪。主题越动听，人们越难找到满意的言词来描述它。围绕这个主题，可以在人们头脑中构成一幅感情的框架。贝多芬的音乐就是贝多芬用旋律和声进行的哲学思考，表达了他对天地人生的种种感受。

人们在聆听贝多芬音乐的时候，总有一种悲愤向上，教人拼搏的情绪涌上心头，他的旋律中那种崇高感，自由超脱感，精神世界的种种矛盾冲突和对真善的执着追求，构成了他特有的风格，特别是惊天动地的气势，更使人为之倾倒。

3.音乐的描绘功能

音乐和绘画，一个是听觉艺术，一个是视觉艺术，二者有许多相通之处。音乐是主情艺术，而色彩作为绘画名词，和人的感情有着非常微妙的关系。

例如，红、橙、黄是暖色，给人以温暖热烈的感觉；青、蓝、紫是冷色，给人以寒冷宁静的感觉。色彩可以象征感情，红色象征兴奋、热烈；白色象征纯洁、朴素；绿色象征和平、希望；青色象征深沉、忠实。

所以，音乐和色彩就联系起来了。

音色是构成音乐美的主要要素，是由其谐音的多寡及各种谐音的相对强度所决定的。它可以给人以色彩的感觉，造成明暗、浓淡、深浅的色彩变化。听到一些柔和的音响，就像看到了淡绿、嫩黄之类柔和的色彩，给人以一种温暖、愉悦的感觉。听到一些浊重、低沉的声音，就似乎看到了黑色、深灰之类的色彩，给人以一种压抑、阴冷的感觉。

不同的管弦乐器的音色各有不同，一般认为长笛是银色的，单簧管是桃色的，小号是红色的，大提琴是棕色的。同时，同一种乐器由于调性的不同，也会引起不同色调的变化，如升种调比较明朗，降种调比较柔和。

三、音乐美的欣赏

审美能力的高低，取决于个人的文化水平、艺术修养和生活经历。欣赏音乐，除了需要掌握艺术的一般欣赏规律外，还要掌握音乐特殊的欣赏规律。首先要了解音乐语言的特色、风格和表现手法，掌握音乐基本要素及曲式、体裁等一般知识，通过流动的旋律、有规律的节奏、对比的音色、丰富的和声的综合有机构成来把握音乐形象，体会艺术家寄托的情思，获得最大的审美感受。

1.声乐欣赏

声乐是大众化的艺术，最易为人们接受，它包括民歌、抒情歌曲、流行歌曲等。

民歌是劳动人民在长期生活实践中的集体创作。它的表现手法是质朴、洗练，艺术形象鲜明生动，它真实而深刻地反映了人民的思想、生活、感情和愿望。由于民歌受地理条件、风俗习惯的影响，各地的民歌又具有独特的民族风格和浓郁的地方色彩。平原的歌声一般婉转流利；山地的民歌较高亢，音色明亮；草原的民歌音调悠长，音域宽广。民歌的主要体裁是劳动号子、山歌和小调。

号子是在劳动中产生的，有什么样的劳动就有与之相应的节奏的号子。山歌是在田野里劳动时所唱的抒情性民歌。它曲调自由，具有即兴演唱的格调。如云南民歌《小河淌水》等。小调是在城镇中流行的，经民间艺人加工过的民歌。小调曲调优美流利，结构整齐，爱情生活是它的主要内容。如江浙的《茉莉花》、东北的《瞧情郎》、河北的《回娘家》等。这些歌曲曲调轻松活泼，歌词诙谐风趣，反映了人民的智慧和开朗的性格。

抒情歌曲是艺术家通过对现实生活的感受，抒发其诗化的情怀的。这种歌曲可以表现对祖国、故乡、亲人和一切美好事物的爱，也可以表现对一切丑恶事物的恨。男女之爱、朋友之情及各种事件所引起的欢乐、痛苦、忧伤、怀念、期望等，都是抒情歌曲所表现的内容。抒情歌曲的表现手法宽广自由，不仅因题材不同，可以表现不同的意境，抒发各种不同的情感，就是同一题材的抒情歌曲，甚至是同一歌词创作的抒情歌曲，由于作曲家的创作风格和生活感受不同，抒情方式也各不相同。

如《迷娘之歌》，许多著名的作曲家都为它谱写了抒情曲，但都有独到之处。如贝多芬的表现手法是质朴柔和，舒伯特的表现手法是鲜明生动，李斯特的表现手法是深沉委婉。

流行歌曲又称通俗歌曲，和其他歌曲相比，更为自由轻松。流行歌曲的审美特征主要是：首先，通俗易唱，擅长表达细微的情感，它既不同于美声唱法，也不同于民族唱法，而是借助于现代化的电声设备，主要运用轻声、气声和自然声演唱，演唱者不需要进行专门训练。同时，这种歌曲歌词浅俗，旋律口语化，表现的主要是爱情和乡恋的题材，易于引起人们感情的共鸣。其次，流行歌曲在以声传情的同时，还借助形体动作来抒发歌曲的思想感情，使听觉视觉同时获得美的享受，获得精神愉悦。

2.器乐欣赏

器乐欣赏是比声乐欣赏更高的欣赏，欣赏难度较大。器乐不像声乐那样有歌词作为确切内容，而是靠一连串的乐音运动来塑造形象，表达感情。在这纯粹的音乐语言面前，只能靠意会和领悟来理解音乐作品的内容。在器乐体裁中，交响乐是最高级、最复杂、最富有表现力的一种形式。交响乐作品结构严谨，表现手法细腻丰富，能表达复杂深刻的思想感情和社会矛盾。同时，交响乐还具有蕴含哲理、概括时代精神的特点，具有很高的审美价值，有“器乐大王”之美称。

音乐的整体性，是一个蕴含着运动的生命有机体，是艺术家对人生和世界的深切体验，是音乐形式美和内容美的统一。所以在欣赏音乐时，首先要注意把握音乐的整体性。同时，在欣赏音乐时，情感体验也十分重要，强烈的情感体验来自广博的知识和各方面较高的修养。因此，努力学习，加强修养，是提高音乐欣赏水平的前提条件。

第二节　舞蹈美

舞蹈是以经过艺术家加工、提炼、规范化的人体动作作为主要手段，表达人们的思想感情，反映社会生活的一种艺术。舞蹈的基本要素是动作、姿态、表情和节奏，它的魅力在于能给人以愉悦、兴奋、紧张、轻松等美感享受。而舞蹈美就是以人体动作所构成的优美感、节奏感和韵律感的形象。这形象既是某个或某些人物性格与情感的反映，同时又与审美主体生理与心理活动相呼应。所以说，舞蹈具有深厚的生活基础。

一、舞蹈美的产生和发展

舞蹈同音乐一样，起源于人类早期的生产劳动和生活之中。在原始社会，原始人的精神世界是有意识的，狩猎、捕鱼、采集、耕种这些最重要的活动，直接影响着原始人的生存和精神世界。功利实现后的愉悦心情，通过手舞足蹈的发泄，使原始人获得到极大的乐趣和满足。此外，庆祝胜利和生育，医治疾病，哀悼死亡，祈祷上天保佑等等，都要通过舞蹈来表达情感。有些舞蹈动作就是劳动动作的简单再现，有些是模拟各种动物的动作，这些动作使人再次体会到狩猎时的快乐。通过舞蹈，人们获得了一种生命的真实感，不仅体验到自己的生命和力量，更重要的是体验到整个群体的生命和力量。

中国商代，舞蹈有了较快的发展。此时，不仅有了专业舞蹈家，而舞蹈种类也日益增加。如颂扬最高统治者的史诗性古典舞——六代乐舞；用来教育贵族子弟的小舞和皇舞；还有用来驱除瘟疫、求雨免灾的宗教舞等。到了汉代，跳舞风气日盛，内容主要有男女爱恋、离别、旅途生活、欢乐庆贺等。其形式有集体舞 (如十六人舞、八人舞等)，民间舞蹈 (如云南少数民族的《巴渝舞》，用巾或衣袖为道具的《出莫舞》)。

目前，世界上许多国家、民族都有各具特色的舞蹈。一类是民间舞蹈，如汉族的“秧歌”舞和“腰鼓”舞，藏族的“弦子”舞和“锅庄”舞，朝鲜的“假面”舞，日本的“盒”舞，越南的“桃符”舞等等。一类是由民间舞演化而来的交际舞，它使舞蹈在专业化以后，又部分地回到了现实生活。交际舞主要有“华尔兹”“探戈”“伦巴”“迪斯科”“霹雳舞”等。所有这些说明，舞蹈作为反映社会生活的一种艺术形成，始终具有强大的生命力，并且愈发展愈同人民群众的物质和精神生活紧密结合。

二、舞蹈的审美特征

有生命的运动着的人体是舞蹈美的基本出发点。舞蹈是以许多不同动作连续出现于流动不停的时间过程之中，它不像雕塑那样给人以高度凝练的感受，但它却以其运动着的造型来抒发人物的情感，并能迅速引起欣赏者的共鸣。舞蹈中的人体是以活脱的生活形态在运动，以动作、表情、姿态等综合形态流动于欣赏者的面前，并给欣赏者以强烈的美感震动。

舞蹈的感染力不仅来自动作中的人体造型的外在形式，而且也来自造型主体的充满生机和活力的精神境界。正因为如此，只有那些对生活充满信心、对世界充满理解、对社会充满爱的舞蹈演员，才能在表演中运用高超的技艺给人以极大的感召力。而那些虽然动作娴熟、姿态万千的舞蹈演员，如果自己缺乏生活的情趣，缺乏艺术情感的熏陶，就不能在表演中引起鉴赏者的共鸣。所以，舞蹈是人体动作的艺术。

舞蹈美的表现条件是舞蹈的三维空间。美感的产生需要一定的氛围，氛围可以给鉴赏者心理构建一个框架，使其做好观赏艺术形象的心理准备。舞蹈的艺术氛围就是舞台，一个演员的表演，在排练室和舞台上所创造的形象往往大不相同，从而给欣赏者的美感也是不一样的。舞台空间由舞台、布景和灯光构成。舞台分旋转舞台、升降舞台等，舞台形式的多样化，使舞台表演的形式更加丰富了。

布景是用象征性的手法，构建的人体动作运转的虚拟环境。它可以优化舞蹈艺术环境，烘托并表现这一艺术形态的主题。灯光一方面可以运用色彩的变化来充分表现情感和情节的迁移，另一方面可以运用光度差异突出舞台上的运作主体，增强艺术的表现力。舞台空间的三要素经过各种组合，形成表演的气氛，渲染主题情调。所以，舞台空间是舞蹈美创造与实现的表现条件。

抒情性、虚拟性、直观性和诗意化的统一，是舞蹈审美特征的表现。舞蹈和音乐一样，也以抒情见长，所不同的是舞蹈的抒情都要靠动作来表达。如芭蕾舞剧《葛蓓莉娅》中，青年男女跳起了《青年圆舞曲》，用以讴歌他们美好的青春。所以抒情是舞蹈的灵魂，动而不抒，舞而无情，蹈而无感，就从根本上失去了舞蹈艺术的意义。

舞蹈美的虚拟性，主要表现在场景假设和动作实现上，舞蹈表演的场景和现实生活的场景相差甚大，与电影、电视等写实性艺术相比，虚拟性表现得特别明显。正是这种虚拟性，才使舞蹈这一艺术形态具有了更大的感召力。

直观性是舞蹈审美的第三个特征，音乐直接诉诸听觉，而舞蹈则直接诉诸视觉，它侧重于表现情感的外在形态。可见，直观性是舞蹈美引人步入美境的向导，没有这一向导，就等于失去了舞蹈美诱发人心的美感力量。

舞蹈美最后一个审美特征是诗意化。一场激动人心的舞蹈表演，好比一首富有激情的诗，连续有节奏的跳跃，犹如诗句间不断的字符流动；优美轻快的舞姿，如一串缠绵柔润的语汇；豪迈健壮的身体变化，就像诗人在吟诗赋词。所以，舞蹈节奏与诗的节奏，在本质上是统一的。可以说，诗意化是舞蹈美的生命，一旦失去舞蹈的诗意化，就等于失去了舞蹈的生命。

三、舞蹈美的欣赏

舞蹈和音乐一样，不受语言的限制，可以在全世界进行真诚的思想感情交流，但它又具有鲜明的地方性和民族性。从总体来看，东方舞蹈具有圆柔、委婉、含蓄、凝重的特点，它将主观意念融合于自然客体，强调“天人合一，物我两忘”为艺术的最高境界。

1.中国民间舞蹈的欣赏

民间舞蹈是在各族人民生活中不断创造、广泛流行，并且有鲜明的民族风格和地方特色的传统舞蹈形式。民间舞蹈直接来源于生活，具有纯朴自然的特性，往往给人以清新之感。中国是一个多民族的国家，56个民族都有自己的舞蹈文化，许多少数民族地区都是全国闻名的舞蹈之乡，且舞蹈形式具有表演性质。表演者是专业的或半专业的民间艺人，如各地的秧歌、旱船、花鼓、花灯、跑驴等。

在欣赏各民族的舞蹈时，要对该民族的文化背景和历史条件有所了解，才能深入了解其舞蹈特征和风格。如蒙古族，由于长期骑马的游牧生活，造成了肩部比较松弛，舞蹈中常有“碎抖肩”的动作。又因为生活在蒙古包中一般跪坐在毡毯上，所以腰部和双臂的动作十分丰富。藏族、苗族一般生活在山地，一边顺的肩和胯最为得力，所以这种姿态和节奏便成了民族的一种审美情趣，舞蹈中有许多让身体一边顺的摆动。

有些民族的图腾崇拜也反映在舞蹈中，如傣族舞蹈模仿孔雀喝水、戏水、走路；朝鲜族舞蹈模仿仙鹤的动作等。许多民族舞蹈还巧妙地利用道具、服装色彩和柔美的运动线，构成和谐统一、丰富多彩的舞蹈画面，使人从丰富的舞形中，得到了更多的启示和想象，加强了舞蹈的表现力。

2.中国古典舞蹈的欣赏

古典舞蹈是在民间舞蹈的基础上，经过历代艺术家加工、提炼和创造而逐渐形成的。在宋朝以前，我国古典舞蹈主要是宫廷舞蹈，宋朝以后日趋衰落。后来舞蹈又融入戏曲之中，所以，戏曲是中国独具特色的综合表演艺术，是保存大量古典舞蹈资料的宝库。戏曲讲究“手、眼、身、法、步”的规范化，所以，动作圆柔而流畅，表现出一种流动的线条美、身韵美和其中的诗情画意。

中国美学由于受道学的影响，在舞蹈中，对“精、气、神”的统一极为重视，把体现人的风姿神貌放在第一位，纯技巧的表演放在第二位。能否塑造出栩栩如生、鲜明丰富的人物形象，是评价中国古典舞蹈的一个重要标准，也是区别西方舞蹈的一个重要审美特征。

我国古典舞蹈的代表剧目主要有：《梁山伯与祝英台》《宝莲灯》《春江花月夜》等。舞剧《丝路花雨》问世后，又出现了《敦煌彩塑》《快乐的女神》《岳飞》等舞剧。古典舞蹈有着严格的语汇，并且十分注重每一动作的深刻含义。《荷花舞》虽无复杂的情节和惊人的技巧，却以其恬静、娴雅的风格，创造了田园般的意境，深深地蕴含着“出淤泥而不染”的高尚情操，在表演上，既深沉又庄重，高雅不俗，给人以充分的美感享受。

3.芭蕾舞的欣赏

芭蕾舞是最高典范的舞蹈形式，它起源于意大利，后来传入法国。经过法国路易十四国王的提倡和皇家舞蹈研究院的精心研究整理，形成了一套体现古典审美主义理想的规范，随之传入世界各地。它的主要特点是外开性、稳定性和平衡对称性。外开性要求从两胯到脚尖整个腿向外打开，与双肩成平行线；稳定性指无论足尖、撑半足尖或全足尖着地都要保持中心稳定，上身永不偏离支撑腿的垂直轴线；平衡对称性要求多数动作左右、上下、前后构成对称的形式美，给人以庄重安详、和谐之感。

芭蕾舞剧主要有：《天鹅湖》《睡美人》《古赛尔》《葛倍莉娅》等。芭蕾舞的优美秀丽，是通过环境选择和动作协调表现出来的。许多芭蕾舞的布景，大都是优美如画的湖畔、田野或山村，如洗的月色，如梦的流云，更增添了秀丽的光彩。而芭蕾舞优美的动作技巧，立足尖，两腿外开的姿势，一连串的跳跃和旋转，越发显得舞蹈者矫健、秀丽、优美。对于芭蕾舞的欣赏，只有抓住以上几个方面，才能达到观其形、体其情、悟其理的境界。

4.现代舞蹈的欣赏

现代舞蹈是由美国首创并广泛流行于欧美及全世界的一种舞蹈。它反对任何刻板的规范程式，特别是芭蕾舞严格的规范化程式，强调人的主体意识，主张在自由的启动下动作。观察自然、研究自然、理解自然、表现自然是现代舞蹈的宗旨。

现代舞不像民族舞或古典芭蕾舞那样，有一个完整的情节，而是各有侧重。有的主要突出人体动作的生动性和流畅性，表演自由自在，以复归自然、体现自然、反抗异化为最高审美理想；有的重创新、重表现、重象征，体现人的主体意识的至上性；有的重本能和直觉，反对暗示；有的甚至没有人物性格和形象，只有一些情绪的流露，形式也极其抽象，初接触时莫名其妙，不知所云，让观众发挥主观能动性，去自由想象作品的内容。但只要具备一些现代舞的理论和技术基础知识，还是可以欣赏的。

现代舞的出现，对欣赏者提出了更高的要求：第一，要有广博的文化知识和一定的理论思维能力。现代文化知识是现代舞蹈得以产生的基础，现代舞蹈只是现代文化的一种反映形式。只有在总体上认识现代文化的特征，才能更好地体会现代舞蹈的美感所在。一定的理性思维能力，是指对艺术的哲学思考，这种理性认识潜移默化地影响着对感性形象的把握。当人们调动所有的知识储备来欣赏某一舞蹈时，实际上已经将理性与感性、内容与形式统一起来进行审美活动了。

第二，要有真情实感和丰富的想象力。真情实感，是指对生活的态度，对生活要有执着的爱，追求真、善、美，憎恶假、丑、恶，对事物有敏锐的感受能力和细腻的感情。同时，欣赏不是被动地接受，而是主动地创造。只有展开想象之翼，才能体会到艺术作品的真正妙处。

第三，要进行反复实践。因为欣赏水平的提高需要一个过程，即刻苦学习和反复实践的过程，要多观赏，细品味，反复琢磨。这样，才能不断地积累审美经验，做到心领神会，感受到舞蹈艺术的奥妙。

复习思考题

1.什么是音乐美?

2.如何欣赏声乐和器乐?

3.简述舞蹈的审美特征。

第九章 戏剧、电影、电视美

戏剧、电影、电视艺术，同人们的生活关系十分密切。社会生活是戏剧、电影、电视艺术的渊源，而戏剧、电影、电视则是社会生活的艺术再现。学习和研究戏剧、电影、电视审美学，对于青年学生审美水平的提高、鉴赏能力的增强，以及整个社会文明程度的发展，无疑都具有重要的意义。

第一节 戏剧美

一、戏剧艺术

1.戏剧艺术的形式与类型

戏剧作为一种艺术形式，是通过舞台上角色的表演来创造艺术形象、反映现实生活的。它是一种综合艺术，融文学、音乐、绘画、舞蹈等艺术形式于一体。其中，文学成分是戏剧表演的基础，矛盾冲突是戏剧表演的灵魂，语言和行动是戏剧表演的情节化体现，时间与空间则是戏剧表演得以实现的手段。

戏剧的种类很多。以表现形式分，有话剧、歌剧、舞剧、戏曲；以内容性质分，有喜剧、悲剧、悲喜剧（正剧）、滑稽剧；以所反映的时代分，有历史剧、现代剧；以场次分，有多幕剧、独幕剧和折子戏；以演出形式分，有活报剧、街头剧和广播剧。

戏剧作为戏曲、话剧、歌剧等舞台艺术的总称，从来就是社会生活的反映。无论哪种类型的戏剧，一个共同的基本特点是：演员以剧中人物身份直接在观众面前进行表演，以剧中人物言语和行动创造艺术形象，并且凭借舞台、借助表演打动人心，给观众以强烈的艺术感染力和充分的美感享受。

话剧是以对白和动作为主要表现手段的戏剧艺术，欧洲各国统称为戏剧。五四运动后传入中国，早期称为新剧、文明戏，1928 年由戏剧家定名为话剧。20 世纪 30 年代以来，现代话剧在中国共产党领导下，发展迅速，作用明显，尤其在抗日战争和解放战争时期。话剧发挥了巨大的作用，宣传人民、组织人民、教育人民、鼓舞人民取得了抗日战争和解放战争的胜利。如著名剧作家郭沫若、夏衍、曹禺、田汉等的优秀剧作《屈原》《上海屋檐下》《雷雨》《关汉卿》等，至今仍有较大影响。

新中国成立后，话剧的发展更加迅速，大批优秀的剧作家和优秀剧目更是不断涌现，老舍的《茶馆》《骆驼祥子》，郭沫若的《蔡文姬》已成为传世之作，其他优秀剧目，如《青年一代》《文成公主》《高山下的花环》《雷锋》等，也都表现了各个时期优秀人物的生动事迹，体现了社会美、人物美、生活美的本质特点。

歌剧是综合音乐、诗歌、舞蹈等艺术而以歌唱为主的一种戏剧艺术。西洋歌剧产生于 16 世纪末的意大利，它以民间牧歌剧为基础，吸收了宫廷歌舞表演、教堂合唱艺术和神剧表演的成就而发展成的一种新型艺术形式。歌剧《茶花女》由意大利作曲家威尔第 1852 年首先搬上了舞台，并获得了巨大的成功。

我国的新歌剧，是在 1942 年后发展起来的，在民间秧歌基础上，创造出秧歌剧《兄妹开荒》《夫妻识字》等。而后又在民族民间音乐基础上借鉴西洋歌剧，逐渐形成和创造了具有革命内容和民族特色的中国歌剧《白毛女》《刘胡兰》《江姐》《红珊瑚》《洪湖赤卫队》《柯山红日》《小草》等。

舞剧是以舞蹈为主要表现手段，综合音乐、舞蹈等艺术门类的一种戏剧形式。舞剧中的舞蹈，一般以古典舞或民间舞为基础，结合剧中的人物性格和情节发展编排。

欧洲的古典舞剧，统称“芭蕾”。芭蕾舞是一种以足尖舞为主要技巧的独立艺术，是一种音乐性强、技巧难度大、舞蹈语汇丰富、抒情色彩浓郁的造型艺术。芭蕾节目具有强烈的反封建专制、争取个性解放、崇尚自由平等思想的特点。主要代表剧目有《天鹅湖》《堂吉诃德》《吉赛尔》《胡桃夹子》《睡美人》等。

我国的民族舞剧在新中国成立以后得到了很大发展，创作了许多反映新生活和历史题材的优秀剧目，如《宝莲灯》《小刀会》《凤鸣岐山》《刑场上的婚礼》《丝路花雨》等。

悲剧是主要写主人公的失败、受难、灭亡的戏剧。悲剧的基调是崇高、严肃、深沉。悲剧的剧情委婉，气氛庄严，感情深沉。

西方著名的古典悲剧代表剧目很多，如《俄狄浦斯》《罗密欧与朱丽叶》《大雷雨》等。中国古代十大悲剧之一《窦娥冤》写的是一个善良的童养媳，被高利贷者、地痞流氓、贪官污吏无辜杀害的故事。窦娥在临刑前喊出：“……我不要半星热血红尘洒，都只在八尺旗枪素练悬……若果有一腔怨气喷如火，定要感得六出冰花滚似棉……从今以后，着这楚州亢旱三年……”，真是惊天地，泣鬼神，十分感人。其他如《汉宫秋》《赵氏孤儿》《琵琶记》《精忠旗》等均是我国古典悲剧精品。

喜剧是以讽刺、幽默、夸张等手法描绘和揭露丑恶、庸俗和落后的社会现象，肯定生活中美好的事物的一种戏剧。喜剧的基调是轻松、愉快、活泼，通过笑的感染达到审美教育作用。如莫里哀的《伪君子》，果戈理的《钦差大臣》，老舍的《西望长安》等就是中外名篇。

悲喜剧（正剧）。兼有喜剧和悲剧两种成分，是能够反映悲、喜等思想感情的复杂变化和广阔的社会生活的一种戏剧。如我国古典剧《西厢记》《牡丹亭》，易卜生的《玩偶之家》，莎士比亚的《威尼斯商人》等均属悲喜剧。

2.戏剧的审美特征

戏剧本身并不是戏剧美学，戏剧美学是研究戏剧美和鉴赏戏剧美的普遍规律的科学。这一科学实际上是戏剧学与美学两者的交错、渗透和合成。它一方面是美学嫁于戏剧，予以戏剧美，促使戏剧创作与鉴赏在美学上的提高；另一方面又是戏剧回归于美学麾下，予美学以戏剧性，促使美的本质在戏剧中得以印证和展开。从这个意义上讲，戏剧美学就是戏剧的美学化，也可以说是美学的戏剧化。当然，也可以说是戏剧与美学、戏剧学与审美学的一体化。

戏剧美是一种感性形式，它作为一个生动的显现过程，主要是通过直观的，有真实性的生活图景而展现出来的。在艺术美的领域里，音乐、舞蹈、诗歌虽也表现过程，但却不表现直观的生活图景；绘画、雕塑虽能表现直观图景，但又不能表现过程；文学作品虽表现过程和生活图景，但却要借助于文学的表述，缺乏直观的形象。戏剧美则不同。它既长于表情，又长于造型；既长于显现过程，又长于展现图景。这就是说，戏剧美长于把表情性和造型性、过程性与直观性完善地统一起来，构成自身所具有的、为其他艺术形式不能代替的审美特征。那么，戏剧究竟有哪些审美特征呢?

（1）艺术的综合性。戏剧是一项综合性很强的美学系统工程。我们仅以话剧这个舞台艺术形象而言，就包括演出形象和物质形象两大部分。就其演出形象而言，它包括有：剧本创作、导演处理、演员的表演、舞台美术的设计等。就其物质形象而论，一般包括有：布景、灯光、服装、道具、音响、色彩、线条、光影等。戏剧之所以是一项综合性的美学工程，就在于它必须把这些艺术手段和谐地、有机地综合起来，这就叫寓多于一、多统于一。戏剧理论家推崇“戏剧是一种集体的创作”是有道理的。

但是，戏剧舞台上各种艺术形式不是平分秋色的。在戏剧舞台上，演员表演始终是舞台上的中心环节。各种艺术形式的运用，都应有助于演员表现和塑造人物。在墙片、家具、灯光、音乐等艺术因素的运用中，一旦进入演员的表演领域，就能释放出各种艺术因素的所有能量。如果没有这种以演员为中心的各种艺术因素，就不能获得戏剧外部的整一性和戏剧内部的综合性。如《杨家将》的故事发生在金戈铁马的战争之中，戏曲虚实结合的写意手法以表演为中心，综合运用多种艺术形式把战争场面处理得非常简洁，留给观众的是有趣的故事、生动的形象和深邃的启迪。所以，在综合运用各种艺术形式于舞台的时候，还必须突出演员的表演。

(2) 内容的冲突性。综合性虽然是戏剧的重要特征，但是，戏剧的本质特征更在于它能够直接地、集中地反映社会的矛盾冲突。可以说，没有社会生活的矛盾冲突，就没有反映这种矛盾冲突的戏剧美。

诚然，每一种戏剧都是社会生活矛盾冲突的反映。其中、悲剧与喜剧尤其能体现这种矛盾冲突。在戏剧艺术领域里，历史的必然要求与必然要求不能实现的悲剧性冲突，便是产生悲剧的根本原因。悲剧冲突就是这种不能解决的矛盾冲突。戏剧家将正义与邪恶、光明与黑暗的冲突形象地加以表现便形成了悲剧，被恩格斯称为“悲剧之父”的埃斯库罗斯写的《被缚的普罗米修斯》就反映了这种悲剧性冲突。普罗米修斯同情人类的苦难，不顾天条禁令，偷火种下凡这个行动，反映了雅典平民反对专制、要求民主的“历史的必然的要求”，但是，它激怒了宙斯，普罗米修斯被打入地狱，表明了“这个要求实际上不可能实现”，一场强烈的悲剧性冲突出现了。马克思称赞普罗米修斯是“哲学日历上最崇高的圣者兼殉道者”，是在有史以来人类向文明过渡的苦难斗争历程中，我们听到的人民反抗暴力统治的永不妥协的最强音。

(3) 形象的典型性。戏剧的形象典型性固然也包括有内容上矛盾冲突的典型性，但是主要还是指戏剧人物特别是主人公的形象典型性。一个戏剧人物，特别是主人公典型形象的塑造，往往要经过一系列环节来实现，即经过从生活原型到艺术形象（包括直接形象与间接形象），从一般形象到典型形象这么几个必经的环节。

什么叫典型形象呢?典型形象就是艺术家所创造的具有概括性和个性化了的艺术形象。这个形象首先具有社会本质的概括性特征，这种本质概括性愈普遍、愈深刻，其社会意义就愈大。当然，这种典型性是通过典型形象的个性化语言和行动体现出来的。这说明形象的典型性既蕴含有一定的社会本质的内容，同时又具有鲜明的个性特征。

形象典型性的个性特征，是典型人物独有的特点，是典型性具体存在的标志。人是一个特殊的个体，是现实的、单独的社会存在物。戏剧艺术在反映生活时，总是力求通过个别人表现一般，塑造活生生的典型性格。这就是说，艺术不是塑造一般的抽象的人，而是塑造具体的个性化的人，否则，没有人物的个性特征，就没有人物的生命力，就不会有可感的典型艺术形象，就会失去真实而具体的生活面貌。

形象典型性的个性特征，历来就是以性格为中心的。人的性格是个性的内在特点，是个性的基本标志。没有人物的性格，就没有人物的个性，当然也就没有形象的典型性。历史上一切成功的艺术典型都有一个共同的特点，即都有典型个性特征，亦即人物性格的定性。这是各个人物支配自己行动、发展与他人关系的内在条件。

形象典型性的个性特征，一般出自典型环境的抚育和影响。典型人物源于典型环境，典型环境烘托出典型个性，典型个性又表现为典型性格，最后铸成典型形象。这叫作人创造典型环境。同样，环境也创造人。典型环境与典型人物是一致的，而割裂与分离典型环境和典型人物，就只能是对现实主义创作原则的背离。

二、中国戏曲欣赏

1.什么是戏曲

戏曲是我国特有的戏剧形式，是兼有歌剧、话剧、舞剧、杂技、武术的综合表演形式。中国的戏剧源远流长，从古代的乐舞、优伶和百戏发展而来，到宋元杂剧已逐渐成熟、完善，具有较高的艺术水平。元杂剧是我国戏曲史上第一个成熟的高峰。明代传奇文学兴起以后，各种地方戏曲蓬勃发展，创造了更完善的舞台艺术体系，曲目丰富，数以万计。新中国成立后，按照“百花齐放，推陈出新”的方针，对戏曲进行了改革，使戏曲事业得到了迅速发展。据不完全统计，全国戏曲剧种共有360多个，充满着民族和地方的传统特色，充分体现了中国戏曲是中华民族的艺术瑰宝。

2.戏曲中的行当（或角色）

近代戏曲中的角色大都以生、旦、净、末、丑为基本类型。

（1）生。扮演男性人物。又根据年龄和身份不同，划分为许多专行。

老生：也叫须生，扮演中年或老年男性。根据年龄不同分别挂黑须、灰须或白须。按表演艺术上的不同而分唱功老生、做功老生和靠功老生，如马连良经常扮演唱功老生，而周信芳则以做功老生为主。

小生：主要是扮演青少年男性，化装不挂胡须。根据所扮人物性格、身份的不同而有翎子生（也叫雉尾生）、纱帽生、扇子生、穷生、武小生之别。翎子生如《群英会》中的周瑜，纱帽生如《玉堂春》中的王金龙，扇子生如《西厢记》中的张珙，穷生如《评雪辨踪》中的吕蒙正，武小生如《八大锤》中的陆文龙。

武生：大都扮演有武艺的青壮年男性，分长靠武生和短打武生两种。《长坂坡》中赵子龙属长靠武生，而《十字坡》中的武松属短打武生。

(2) 旦。扮演女性人物。根据人物性格、身份不同可划分为青衣、花旦、彩旦、刀马旦、武旦、老旦等。

青衣：即正旦，主要扮演庄重的青年或中年妇女，重唱功，如京剧《三击掌》中的王宝钏等。因为常穿青衫子，所以叫“青衣”。

花旦：扮演天真活泼或放荡泼辣的青年妇女，表演上偏重做工与说白，以穿裙袄、裤袄为特征，如《乌龙院》中的阎婆惜，《铁弓缘》中的陈秀英等。

彩旦：也叫丑旦、丑婆子，扮演滑稽或奸刁的女性人物，如京剧《拾玉镯》中的刘妈妈等。

刀马旦：大都扮演擅长武艺的青壮年妇女，比较着重于唱功和舞蹈，如《穆柯寨》中的穆桂英等。

武旦：扮演勇猛有武艺的女性，表演上着重武打，并令“打出手”，如《泗洲城》中的水母，《打瓜园》中的陶三春等。

老旦：扮演老年妇女，如京剧《杨门女将》中的佘太君等。京剧中除老旦用本嗓演唱外，其余旦角一律唱小嗓。

(3) 净。也叫“花脸”，扮演性格、品质或相貌上有特异之点的男性人物，如曹操、严嵩、张飞、李逵等。面部用各种色彩勾画成一定的图案，以红色代表忠勇，黑色代表粗直，白色代表奸诈等。根据性格、身份的不同又划分为大花脸、武净、武二花等。

大花脸：即正净，扮演地位较高、举止稳重的人物，重唱功，如《铡美案》中的包公。

武净：也叫武花脸，以武打为主，如京剧《挑滑车》中的金兀术等。

武二花：也叫棒打花脸，是以表演跌打摔扑武功为主的人物，如

《打焦赞》中的焦赞等。

（4）丑。也叫“小花脸”“三花脸”，化装的特点是在鼻梁上抹一小块白粉，扮演幽默滑稽或奸诈刁恶的人物。根据性格、身份的不同又分为武丑和文丑等。

武丑：也叫“开口跳”，是擅长武艺而性格机警、语言幽默的男性人物，如《三岔口》中的刘利华。

文丑：有袍带丑、方巾居、毡帽丑、巾子丑等。袍带丑如《打面缸》中的大老爷；方巾丑如《群英会》中的蒋干；毡帽丑大都扮演市井小人物，如《一匹布》中的张古董；巾子丑如《苏三起解》中的崇公道等。

（5）末。主要扮演非主要人物的中年男性。

3.戏曲的程式

戏曲表演中的程式性，是中国戏曲三大基本特性之一。程式来源于生活，是经过提炼、加工、美化和规范化了的舞台动作，如上马下马、上楼下楼、开门关门、喝水饮酒、看书写字、走路坐轿、昏迷睡觉、苏醒哭笑等都有一套规范化的套子。表演各种表情也都有一定的格式，如京剧《秋江》中的小尼陈妙常，为了追求自己幸福，急着追赶潘必正远去的大船，其中有一些程式表演（云步、碎步、圆场、上船、下船等舞蹈手段与动作），既有生活依据，又是那么美妙，给观众以极大的美的艺术享受。程式既来源于生活，又比生活美，因为它不是生活的翻版，不是生活中自然形态的再现，而是比生活更集中更概括，所以比生活美。下面介绍几种舞台上常见的程式。

⑴ 趟马。也称“马趟子”，是表现人物策马疾行的一种程式动作。主要由圆场、转身、勒马、挥鞭、高低亮相和三打马等动作连贯组合而成。

（2）起霸。表现古代战士出征上阵前整盔束甲的一种表现程式，有男霸、女霸之分，男霸突出表现刚健有力，女霸则重其英姿飒爽。

（3）走边。走边是武戏演员的基本功之一，表现身怀武艺的人轻装潜行的表演程式，用于侦探、巡查、夜行、暗袭、赶程等情境。

(4) 圆场。是剧中人在舞台上按规定的圆形线路行走。根据路线长短和方向，又分为大圆场、小圆场、正圆场、反圆场等。

(5) 台步。是演员在舞台上所用的艺术化步伐。根据人物年龄、性别、身份不同及规定情境的差别，各有不同的台步。种类有云步、蹉步、碎步、蝶步等。

(6) 吊毛、抢背。是戏曲表演的跌扑技术。吊毛是头部向下，凌空一翻以背着地；抢背是以左肩着地，就势翻滚。两者均是生活中跌跤或遭打而扑地动作的舞蹈化。

(7) 云手。通过双手、两臂相互协调的动作，构成舞蹈化的姿态，用以表现人物的精神气度。云手动作有正、反之别，生、旦、净、丑各角色的云手，部位和幅度大小各有不同。

(8) 水袖。水袖是戏曲服装中蟒、帔、开氅、裙子等袖端所缀一尺上下的白绸，甩动时形似水波纹，所以叫“水袖”。运用水袖动作，有助于表现剧中人物的身份、性格和感情，并可加强舞蹈美。

(9) 跑龙套。是虚拟表演中常用的一种简洁手法。如四个龙套能代表千军万马，一个圆场可表示百里行程。

(10) 打出手。打出手是戏曲表演的一套武打技术。一个剧中主要人物同数名敌人相互抛掷接踢武器，以表示惊险复杂的战斗情景。主要人物手足并用，接抛迅速准确，其他人紧密配合，形成种种舞台性场面。

4.戏曲演员的服饰和道具

我国戏曲服饰穿戴统称“行头”。行头有自己的完整体系，颜色有一定讲究，如黄色最尊贵，次为紫色、红色、蓝色、黑色等。行头分蟒、靠、帔、官衣、褶子五大类。“宁穿破，不穿错”这句谚语说明戏曲艺术在穿戴方面的严格性。

蟒，即蟒袍，是帝王将相的官衣。帝王绣龙，后妃绣凤，文臣绣仙鹤孔雀，虎将绣麒麟虎豹。

靠，包括铠和靠，是舞台上将士穿的服装。铠是单件的戏装；靠是多件系列戏装，又分为软靠、硬靠、女靠等。

帔，是官员、夫人家居的常服。黄帔是帝王、太子专用，官吏、员外家居时多着宝蓝帔，官宦之女多穿闺门帔。

官衣，是官员的官服。按扮演人物的身份，各有严格的色彩区别。

褶子，用途很广，主要是百姓的便服，但皇帝、显贵都可以穿。

行头还包括盔、帽、鞋、靴，它们的种类也很多。如帝王戴皇帽；文官戴侯帽、方纱帽或圆纱帽；武将戴帅盔、狮子盔、虎头盔等。头巾则有四方巾（礼宾）、一字巾（丑扮、书童所戴）等二十几种之多。

戏曲使用的道具，古时称为“砌末”（或切末）。它多数是虚拟、象征性的，如用红布包着一串长条的东西来表示钱帛盘缠，用两面画着车轮的四方旗子来表示车驾等。

我国戏曲的服装与道具，经过历代艺人的不断创造，许多已经成为表演艺术不可分割的一部分。如髯口和水袖的运用，扇子功、翎子功等都有较大的推新与改进。

5.戏曲音乐

戏曲音乐包括唱、念两部分，所谓“声要圆熟，腔要彻满”，咬字要“字真句笃”，就是对唱、念的精辟结论。

每一种地方戏曲都有自己的用嗓方法，但归纳起来不外三种：大嗓（真嗓），又称“阔口”“本嗓”“阳调”；小嗓（假声），又称“细口”“假嗓”“阴调”；大小嗓，真假结合，又称“阴阳互参嗓”。各剧种、各角色根据自己采用的音域音区，对以上三种唱法各有侧重。如河北梆子的音乐风格高亢激昂，常用高音区，故偏重于用一种结实刚劲的小嗓，或大小嗓结合的唱法；而越剧的音乐风格则低柔委婉，音域多限在中低音区，故多用真声演唱。

戏曲音乐有三大特征：

(1) 唱字。字是表达意的基础，故戏曲音乐很重视字音。戏曲音乐讲究念白清晰与唱腔优美相配合，最忌那种单纯追求声音嘹亮而吐字不清的“音包字”。唱字在美学上的总体原则是“字正腔圆”。

(2) 唱情。戏曲舞台上的每一句唱念，都是人物在特定情境下的情感吐露，演员必须深入体验角色的内心感情，演唱时融入技巧，唱出真情。唱情讲究“轻、重、微、显”的声乐技巧处理，以及“圆活志到”的艺术境界。

(3) 唱韵。它是戏曲音乐演唱中的最高艺术要求，是演唱中字意的表达、声音色彩、行腔魅力和情感抒发等多方面的总体审美效果。尤其表现在声调唱腔抑扬顿挫、轻重缓急的艺术处理以及断与连、刚与柔、强与弱的辩证安排上。

戏曲音乐力求表现出深厚的使人回味无穷的韵味。

6.主要剧种简介

我国360多种地方戏曲，各有自己的特色和艺术魅力。下面介绍四种在全国有较大影响的剧种。

(1) 京剧。京剧是我国最大的戏曲剧种，是中国四大国宝之一。它形成于清代乾隆年间，集徽调的二黄，汉调的西皮为主腔，并接受了昆腔、秦腔的曲目和表演方法。表演上唱、念、做、打并重，有一整套虚拟性的表演程式动作。

京剧第一代演员是程长庚、余三胜、张二奎；稍后有“四大名旦”梅兰芳、程砚秋、尚小云、荀慧生；有“四大须生”马连良、谭富英、周信芳、余叔岩；有名武生盖叫天、杨小楼、高盛麟；有名小生姜妙香、俞振飞等。

新中国成立后，活跃在京剧舞台上的老生有李少春、李和曾、张学津、言兴朋；青衣花旦有杜近芳、李玉茹、张君秋、杨秋玲、李世济、刘长喻、李炳淑；小生有叶盛兰、叶少兰；老旦有李多奎；名净有袁世海、裘盛戎；名丑有肖长华、刘斌昆、马富禄等。他们都为京剧事业的发展和昌盛做出了较大贡献。

京剧的剧目相当丰富。大的节目如《群英会》《借东风》《赵氏孤儿》《铡美案》《四进士》《杨门女将》《野猪林》《白蛇传》《三打祝家庄》等。折子戏更是丰富多彩，如老生戏有《卧龙吊孝》《定军山》《空城计》《四郎探母》等；青衣花旦戏有《回荆州》《打渔杀家》《贵妃醉酒》《荒山泪》《昭君出塞》《红娘》等；小生戏有《周瑜归天》《游园惊梦》等；老旦戏有《钓金龟》《太君辞朝》等；净角戏有《打龙袍》《捉放曹》《赤桑镇》等；丑角戏有《打面缸》《双下山》《金玉奴》等；武打戏有《挑滑车》《杀四门》《盗仙草》《八仙过海》《虹桥赠珠》等。

(2) 越剧。发源于浙江省嵊县一带的山歌小调，吸收昆剧、绍剧等发展成“女子绍兴文戏”，转入大城市后改名越剧。越剧曲调清丽婉转，表演细腻真切，富于表现力。尤其在著名越剧演员袁雪芬倡导改革下，大胆吸收了话剧的表演方法，建立了正规的排演制度，使越剧较早地形成编、导、演、音、美相配合的综合艺术。因而，越剧不仅在江南流行，并很快走向了全国。

越剧的著名演员有袁雪芬、傅全香、徐玉兰、竺水招、戚雅仙、王文娟、尹桂芳、范瑞娟、金彩风、吕瑞英等。新成长起来的赵志刚、陈颖、茅威慧、何赛丽等也颇有影响。越剧演出的节目有《梁山伯与祝英台》《西厢记》《血手印》《红楼梦》《春香传》《五女拜寿》《追鱼》《张生煮海》《碧玉簪》《祥林嫂》等。

(3) 豫剧。也叫“河南梆子”，流行于河南全省及附近省份。豫剧有“豫东调”（以商丘、开封为中心，音调高昂活泼，用假嗓子演唱）和“豫西调”（以洛阳为中心，音调低回婉转，用真嗓子演唱）。著名演员有常香玉、崔兰田、陈素贞、阎立品、马金凤、赵义庭、牛得草等。演出的著名剧目有《花木兰》《桃花庵》《三上轿》《秦雪梅》《对花枪》等。现代戏有《朝阳沟》《人欢马叫》《刘胡兰》等，流传也很广。

(4) 黄梅戏。黄梅戏早年流传于安徽、江西和湖北等省。其曲调优美，朴素流畅。新中国成立后，经过著名演员严凤英、王少舫、潘景琍的努力改革，黄梅戏艺术得以完整，走向了全中国。著名剧目有《天仙配》《女驸马》《牛郎织女》，并均已搬上了银幕。小戏《打猪草》《夫妻观灯》也深受全国观众欢迎。

我国的地方戏曲十分丰富多彩，除上述四大剧种外，尚有山西的“晋剧”，京津冀流行的“评剧”，陕西的“秦腔”，四川的“川剧”，东北的“吉剧”，上海的“沪剧”，福建的“闽剧”，河北的“河北梆子”，广东的“粤剧”，山东的“吕剧”，湖南的“花鼓戏”等也都是较有影响的剧种。

第二节　电影美

一、电影及其种类

电影美学作为一门学科，和其他部门美学相比是比较年轻的，是现代科学技术发展的产物，是真正的“现代化”艺术。

电影是一门综合性艺术，它以摄影为基本表现手段，以文学剧本为基础，把人物、场景、道具，以及演员的表演连续拍摄下来，配以对话、音乐、音响、色彩、效果，通过剪接、洗印，就成为我们所看到的电影了。

电影艺术最大的特点，在于把银幕形象直接反映给观众的视觉和听觉。无边的大海，辽阔的天空，优美动人的景色，战火隆隆的场面，甚至人们的一个眼神，肌肉的微微颤动……都能真切而生动地展示在观众眼前，这是其他艺术门类所不可比拟的。因而，在所有艺术门类中，电影具有广泛的群众性。随着现代化程度的提高，电影这种视听直观的传播工具，在人类文化传播中占有越来越重要的地位。

电影的种类很多，大致可以分为以下几种：

1.故事影片

它取材于现实生活，历史事件，文学著作，神话或幻想，是经过编剧、导演、演员及其他工作人员，塑造典型人物，组织情节结构，用电影的语言和画面，表达主题思想的集体创作成果。

故事片可分为历史故事片、战争故事片、惊险故事片、神话故事片、科幻故事片、喜剧故事片、伦理故事片、儿童故事片等。

历史故事片，又可分为古代历史故事片和现代历史故事片两类。一般均以历史人物或事件作为影片中心环节，并对历史人物或事件进行再加工，再创作，使观众在银幕上看到一个完整的历史故事。历史故事片的创作允许有一定的虚构和联想，但所描写的主要人物和主要事件应有历史依据，现代历史故事片，这一点尤为重要。古代历史故事片《李时珍》，就是根据我国中医药祖师爷“李时珍”编写《本草纲目》前后的事迹，加以虚构联想而创作的。而现代历史故事片《开天辟地》则是根据中国共产党诞生前后的历史人物、事件和资料，加以艺术上的再创造而拍摄成的。

战争故事片，是以描写战争为主要情节的影片。有直接描写战争场面的，也有写部分战斗场面而更多去写人的战争故事片，如苏联的《攻克柏林》，我国的《西安事变》等。战争故事片场面壮观，气势宏伟，如我国的《大决战》，就具有重要的历史价值。

惊险故事片，常以破案、警匪、搏斗为主要情节，故事大都以虚构为主。

神话故事片、科幻故事片虽有不同，但其主要情节，全是超越现实的幻想，娱乐性较强。神话片多以古代形式为主，故事情节较浓，如我国拍摄的《天仙配》等。而科幻片往往表现对未来的幻想，超前意识浓，如美国拍摄的《星球大战》，我国曾拍摄过的《珊瑚岛上的死光》等。

喜剧故事片，一般被称之为娱乐片。它通过大量的夸张手法，幽默诙谐的对白和喜剧性人物性格的刻画，让人们发出会心的一笑。使观众在轻松的欣赏活动中，自然地接受某种思想的陶冶。也可使观众分辨美与丑、真与伪，是人们喜闻乐见的一种艺术形式，如我国拍摄的《五朵金花》《锦上添花》等。

伦理故事片，即一般的正剧故事片。此类片子以社会现实为基础，反映凡人小事，但其含义往往比较深刻，使观众产生联想、启发，从而达到教育的目的。如我国拍摄的《天云山传奇》《人到中年》等。

儿童故事片，是专为儿童拍摄的故事片，主人公往往以儿童为主，以引导儿童健康向上为主题，并以趣味性为主调。

2.舞台艺术影片

舞台艺术影片也叫戏曲片，是根据戏曲节目拍摄的影片。它以舞台演出为基础，进行适当的艺术加工和处理，并运用电影的特点，使其适应更多观众的欣赏。新中国成立后拍摄的第一部彩色戏剧片是越剧《梁山伯与祝英台》，以后陆续拍摄了京剧《野猪林》《群英会》《借东风》，越剧《红楼梦》，评剧《刘巧儿》，黄梅戏《女驸马》，粤剧《搜书院》，晋剧《打金枝》等，为弘扬我国的戏曲艺术做出了贡献。

3.美术影片

美术影片是动画、木偶、剪纸等影片的总称。它的显著特点不是真人实物，而是以各种美术创作手段反映生活，表达思想。这类影片在我国是比较年轻的片种，但发展很快，已涌现出一大批优秀影片，不仅受到国内观众的欢迎，而且在国外也赢得了好评，在历届国际电影节上，我国影片《神笔》《大闹天宫》《哪吒闹海》《牧笛》《小蝌蚪找妈妈》等都获得了大奖。

4.科教影片

科教影片是以形象化的手段，对各种科技知识进行通俗的解释，用来普及科技知识，进行学术研究或教学的影片。如《激光》《组合机床》《断肢再植》《泥石流》《彗星》等。

5.新闻影片

新闻影片是综合报道一个时期内的社会现实生活和时事的影片。它必须在事件发生现场拍摄，并迅速放映。其分支纪录影片，是对某一社会生活、社会问题或社会事件作专题报道的影片，它取材必须真实，不允许任何虚构，如反映女排勤学苦练，敢于拼搏，一跃登上世界冠军宝座事迹的《拼搏》就是纪录片。

二、电影的诞生和发展

早在 1829 年，比利时的年轻教授约瑟夫·普拉多从对人的眼睛耐光限度的实验过程中，提出了“视像暂留”的原理，并制造一种名为“诡盘”的仪器，从盘的旋转过程中，可看到连续出现的人像，并感到人像在做一个动作，从而为电影发明奠定了基础。

以后又经过许多科学家的发明创造，直至 1895 年，法国人米埃尔两兄弟在前人成果的基础上，发明了比较完善的电影放映机，并于 1895 年 12 月 28 日晚，在巴黎一家大咖啡馆的地下室里，放映了他们自己拍摄的《墙》《火车到站》《婴儿喝汤》《卢米埃尔工厂大门》《园丁浇水》等。这些影片虽然很简单，但却使观众大为惊叹，看到银幕上下雨，有人就下意识地撑起雨伞，而当银幕上出现火车急速冲来的镜头时，观众中有人吓得大叫，甚至逃离座位。可见电影在它诞生之日，就显示出巨大的艺术魅力。这一天，被电影史家们定为电影正式诞生的日子，标志着无声电影时代的开始。

后来随着录音技术的发展，逐渐变为有声电影。世界上最早的有声电影产生在美国，1926 年 8 月 6 日，华纳兄弟影片公司在纽约第一次放映了用蜡盘配音的故事片《唐璜》。

我国最早放映的电影，是 1896 年在上海徐园游艺场的卢米尔兄弟的滑稽戏短片。1905 年我国进口了第一台手摇电影摄影机。同年北京丰泰照相馆摄制了我国第一部影片，是由著名京剧演员谭鑫培主演的京剧《定军山》。1913 年我国第一部无声电影故事片《难夫难妻》在上海诞生。

1930 年明星影片公司和百代唱片公司合作摄制了我国第一部有声电影《歌女红牡丹》。

新中国成立后，我国的电影事业蓬勃发展。1946 年 10 月 1 日正式成立的第一个人民电影制片厂，1955 年 2 月改名为“长春电影制片厂”。

我国第一部彩色舞台艺术片是上海电影制片厂拍摄的《梁山伯与祝英台》。

1957 年，北京电影制片厂摄制了我国第一部彩色故事片《祝福》。

1958 年，北京电影制片厂和法国加郎斯公司合拍了中外联合摄制的第一部影片《风筝》。

1959 年，上海海燕电影制片厂拍摄了我国第一部宽银幕故事片《老兵新传》。

1962 年，上海天马电影制片厂摄制了我国第一部立体宽银幕故事片《魔术师的奇遇》。

目前，随着科学技术不断发展，除了普通电影、宽银幕电影之外，又出现了以下一些电影：

1.立体电影

立体电影是用两台电影机同时拍摄，两机距离 65 毫米（双眼距离），相当于两只眼睛看东西，拍摄后，把左机拍下的印成红色，把右机拍下的印成绿色，再叠印到一条胶片上去放映。观众看电影时，要戴上左红右绿的特殊眼镜，这样，银幕放射出的红光透过红镜片，绿光被挡住，观众就只能看到左机拍摄的景物；相反右眼只能看右机拍摄的景物。于是，银幕上的景物就仿佛是两眼同时看到的实物，具有立体感了。

2.白昼电影

这是在银幕上方安装遮光装置，避免光线直射，银幕用两层半透明的砂玻璃做成，放映机装在银幕后面。这样处理后，可大大提高银幕上影像的高度，电影可不受时间、地点限制，白昼就可以放映。

3.全息电影

随着科学技术的发展，出现了一种全息摄影技术，这种摄影可以使物象产生极其逼真的立体感。拍摄全息电影，需激光照射。看全息电影时，使观众不需戴特制立体眼镜，就能看到逼真的立体画面。比如银幕上出现了一只叼着山羊奔跑的猛虎，从正面看，山羊遮住了老虎的脸部；从侧面看，能分别看到山羊和老虎的侧面；当老虎跨越山涧时，又可看到纹路斑斑的虎腹，使人如同身临其境一般。

4.全景电影

全景电影的银幕，像一个（或半个）反扣的碗罩在观众头上，它用很多台电影机同时放映，使整个碗状银幕构成一幅统一的画面。影座能够转动倾斜，观众可以随着银幕上物体的运动而仰头转头，左顾右盼，从而达到身临其境之感。

5.香味电影

世界上第一部香味电影诞生在西班牙，片名叫《奇怪的香味》。影片从一起谋杀案开始，使观众身临其境地和影片人物一样，闻到凶手喜欢抽的香烟味和被害女人身上的香水味。它从始到终散发出40种不同的香味，十分真实动人。这种香味一般装置在电影院地下室的一台机器里，配合电影画面把一种香味从观众席旁的管口放出。随后再通过电器控制将这种香味抽掉。

三、电影艺术的形式特征

蒙太奇是电影的一个专用名词，也是电影真正的语言特征。我国著名电影剧作家夏衍曾给蒙太奇下定义说："所谓蒙太奇，就是依据情节的发展和观众注意力与关心的程序，把一个个镜头合乎逻辑地、有节奏地连接起来，使观众得到一个明确、生动的印象或感觉，从而使他们正确地了解一件事情的发展的一种技巧。"比如：

一条汽车来往行驶的繁华街道

一位老人横穿马路的侧影

突然疾驰而来的汽车挡住了我们的视线

司机急刹车时一副惊骇的面孔

老人张大了嘴惊讶的面孔

转动的车轮旁的两条腿

刹车后向前滑动的车轮

一具淌着血的尸体

……

电影导演用这样一组精心安排的急促而简单的镜头，把一场车祸生动地表现在银幕上，使观众惊愕不已。

蒙太奇作为电影特有的表现手段，其艺术作用是不可低估的。它不仅是把各个拍摄片断加以连接、剪辑，从而使观众对连续发展着的动作获得完整印象的表现手段，而且是将各种现象隐蔽的内在联系变得明显可见，是不言自明的最重要的艺术方法，它能把时间、空间不相同的片断有机地、生动地连接起来。蒙太奇的艺术手法还能通过画面的组合和连接，创造意境，使影片具有浓郁的诗情画意，增强影片的抒情力量和情绪感染力，具有很高的美学价值。

蒙太奇语汇的表现手段是多种多样的，有连续式、平行式、颠倒式、交叉式、复现式、积累式、对比式、隐喻式、抒情式等多种形式。

1970 年以来，现代电影在电影语言上有了显著的变革。移动摄影、快速摄影、长镜头、长焦距镜头、跳接、定格等非常流行，上下镜头的直接衔接，或者偶尔用不同颜色的画面来表示过去和现在。随着立体声录音方法的应用，影片中声音愈来愈有远近感和现实感，越来越重视自然音响和重叠音响，除了渲染环境气氛和人物情绪外，很少采用音乐伴奏和歌唱。

除了蒙太奇的主要表现手段外，镜头也是电影艺术的一个重要表现手段。镜头是指电影摄影机连续运转所摄取的一段影片。

镜头的种类很多。根据视距远近，可分为不同景别的镜头：特写、近景、中景、全景、远景等；根据拍摄方法，可分为固定镜头和运动镜头，运动镜头又包括推镜头、拉镜头、跟镜头、摇镜头、横移镜头、俯仰镜头、升降镜头等；根据描写方法，可分为主观镜头和客观镜头。简要介绍如下：

特写。指那些使人或物的某个部位占满整个银幕的镜头。它可以把演员的眼神、表情、动作突出地表现出来，充分揭示人物的思想和情感。

近景。指那些用来表现人物或环境较突出的部分，或强调人物关系的镜头。

中景。指那些用来表现环境或人物某一部分的镜头，展现人物之间的关系和情感交流。

全景。指那些用来表现一定范围的情景或某个景物全貌的镜头。如表现场面等。

远景。指那些用来表现最大空间的镜头，表现自然景色及群众活动的广阔场面。

推镜头。指被摄者位置不动、只移近摄影机推成近景或特写镜头。以加强渲染气氛。

拉镜头。指被摄者位置不动，只移远摄影机，拉成中景，全景或远景的镜头。给人以宽广舒展之感。

跟镜头。指那些随一个行动中的表现对象进行拍摄的，连续详尽地表现人物活动的镜头。

摇镜头。指摄影机放在固定位置，左右摇摄或跟着被摄对象进行摇摄的镜头。

横移镜头。指横向移动摄影机拍摄的镜头。它常用于表现静止的环境和人群，使人感到广阔的场面。

俯仰镜头。指从上或从下拍摄的镜头。俯镜头除可鸟瞰全景外，还可以表现忧郁、压抑的感情，起贬义的作用。仰镜头除可表现雄伟壮观的事物外，还可起褒义的作用。

升降镜头。指那些拍摄大场面时用来改变镜头视角和画面空间的镜头。它有助于渲染气氛和加强表现效果。

主观镜头。指那些把电影镜头当作剧中人物的眼睛来观察和表现客观事物的镜头。它可以模拟感觉，渲染气氛。

综合镜头。也叫长镜头。指将推、拉、升、降、摇、移等多种拍摄方法综合在一起使用而产生的镜头。它能为画面造成正、侧、仰、俯等各种不同的角度。既可表现环境的全貌，又能表现某个人物的近景以及人物之间的关系，从而更突出地去表现某一情节。

其他如电影的节奏，电影的情节，电影的真实性和假定性，电影的综合性与独立性均是电影艺术的形式特征。

第三节　电视美

一、电视美学

1.什么是电视美学

电视美学是一门正在发展、尚待完善的新兴学科。它是研究电视艺术的审美创作、传播、欣赏中的特征和规律的科学。

电视是继音乐、舞蹈、建筑、雕塑、绘画、戏剧、电影之后兴起的，有着良好的发展前景。电视艺术综合性较强，不仅有着其他门类艺术共有的规律，还有自己的特殊规律。电视美学是以电视艺术为研究对象的，其他艺术的一般美学是电视美学的理论基础，电视美学较之一般美学具有更高的品味，无论在色彩、空间、线条、影像上都表现得更深刻、更丰富、更全面一些。

当今的电视技术发展很快，电缆电视、数码电视、高保真电视、声像立体化电视、直播卫星电视等日新月异，层出不穷，电视艺术的内容也随之丰富，但万变不离其宗，电视美学的特色是客观存在的，它具有质的规定性。因此，我们可以从剧本与制作、观众的接受与欣赏等方面来揭示电视美学的内涵。

电视美的鉴赏主要表现在三个方面：

(1) 从视听结合中获取美。电视艺术是视听结合的综合艺术。既可以运用文学与戏剧冲突来刻画人物心理，同时也可以用画面组接表现人物性格。其中既有视觉形象，也有听觉印象。这里的“视”是通过荧屏影像而获取视觉形象；“听”是通过荧屏音响而获取听觉印象。人们只有将视听结合起来，才能获取完整的形象。对于电视的鉴赏只有在视听结合中，才能获得美感享受。

(2) 方寸之间把握大千世界。电视荧屏方寸天地，仅有银幕的百分之一，它不但可以供人们观赏电视剧，而且可以供人们欣赏音乐、舞蹈、戏剧、电影、雕塑、建筑、摄影、书法、绘画等艺术，让人们饱览世界各地的风情，向人们传授知识，传播信息。这样电视就有了“以小知大”“以一知广”的优势，方寸之间把握大千世界。观众正是从这小小的荧屏里，获得无穷的乐趣。

(3) 在“参差”中获取共赏之和。电视的覆盖面广，观众之多，其他任何艺术形式不能与之相比。这正是电视的巨大魅力之所在。但另一方面，观众对美的感觉能力因文化素质、艺术修养、文艺实践、社会经历等种种差异而形成高低强弱之分，欣赏水平参差不齐。因此，电视的制作，必须照顾到不同观众的不同水平，力求满足不同观众的欣赏要求，从而得到更多的知音。

电视剧《渴望》成功的原因固然是多方面的，但其中最重要的一点，就是它能适应不同欣赏水平的观众，所以举国上下一致称其好。对于观众来说，则应该提高自己的文化素质和鉴赏能力。力求在小小的荧屏上捕捉美的旋律，在“参差”中求得雅俗共赏之和。这“和”就是美之所在。

2.电视美学发展趋向

电视美学是随着电视这种现代科学技术的发展而发展的。电视一产生，就发挥着其自身特有的作用，作为后起之秀，猛烈地冲击着电影，制约着电影。其容量远远大于电影、耗费远远低于电影，反映生活的速度远远高于电影，艺术影响力远远超过电影。总之，电视容量之大、自由度之高、覆盖面之广、观众人数之多，都是电影和其他艺术无法比拟的。随着电视的不断发展，电视美学作为新兴的学科，也将不断发展，对于电视艺术表现潜力的不断发掘，将促成电视美学的不断开阔。

什么是电视美，电视美同一般艺术美的区别和联系是什么等等问题尚在不断研究和求索之中。如何树立起一个正确的电视评价标准，对电视做出实事求是的科学分析，尚在探讨之中。电视节目制作者力求为观众创造尽可能美的审美对象，观众也在电视中捕捉更多的美，电视美学正在众多人的奋斗中探寻和完善。

二、电视的审美特征

电视的审美特征，是我国电视界尚在讨论的课题。迄今没有一个较为完善的定论。何迈主编的《审美学通论》认为，电视的审美特征表现为“快、活、多、广”四字，我们采用他的观点。

1.快——快速反映生活

世界是一个大而杂的整体。在这个整体中，每时每刻都会发生新的事情，不论是政治的、经济的、思想的，还是军事的、文化的、艺术的，都是社会生活和社会矛盾的冲突。电视以摄制速度快见长，对生活中发生的事件、矛盾和冲突，都能十分及时而准确地进行反映、摄取和播放，不受任何时空的限制，在小小屏幕之上，可以一览世界各地的风情，一睹东西南北的风采。它使观众不出自家门，能知天下事，“眼能观八路，耳能听四方”，从而使观众最大限度地快速获取美感享受。

2.活——容量可多可少，篇幅可长可短

电视灵活性强，它不像戏剧受舞台空间或场次限制。它可以纵横千万里，也可以上下几千年；它可以一事一剧、一剧一次，也可以一事多剧、多剧多次；它可以一地一事一剧，也可以一地几事、一事几剧，如此等等。短的可以一次播放，长的可以分几次播放。它大小可活、多少可活、长短可活、断续可活。人们从中所得的美感是活生生的。

3.多——题材、样式多样化

电视不同于其他艺术的地方，就是以多取胜。不仅有观众喜爱的电视剧、音乐、歌舞、戏曲等，而且有各种信息及知识。就电视剧而言可分为历史剧、儿童剧、战争剧、情爱剧、武侠剧、古装剧、歌舞剧等。电视剧在形式上可分为单本剧、多本剧、多本连续剧、多本系列剧等。电视连续剧最受欢迎，因为它类似中国的章回小说，既有曲折的情节，又有紧张的冲突，更有强烈的悬念。

4.广——覆盖面广，普及性强

在现代科技发展的推动下，电视机愈来愈普及，不论老弱妇幼，都能从电视中得到各种艺术美的享受，并且达到怡情悦性的效果。在这一方面电视剧已远远超过戏剧和电影。在覆盖面、教育感、审美感方面，也是其他任何艺术形式无法比拟的。

电视美学的研究领域非常宽阔，电视美学体系的建立和完美不可能一蹴而就，需要坚持不懈的努力才能完成。当前电视美学应对电视艺术的特性与形态、结构与功能、媒介与机制、思维与形式、创作与欣赏、制作与队伍、风格与流派、观念与心理、真实与假定、画面与声音、评论与比较、功能与潜能、当代形态与审美走向、创作与形式美、技术因素与艺术元素等问题作综合性、系统性、科学性研究，以便于建立和完善当代人正确的电视艺术审美观。

复习思考题

1.戏剧的种类有哪些?戏剧的审美特征表现在哪些方面?

2.什么叫典型形象?典型人物与典型环境的关系如何?

3.简要叙述我国的主要剧种。

4.为什么说电视美学较一般美学具有更高的品味?

第十章 科学技术与未来美

我们所处的时代是知识经济时代，也是现代科学技术高速发展的时代。邓小平同志指出："科学技术是第一生产力。"认识科学美和技术美，把现代科学技术转化为现实生产力并应用于社会主义现代化建设的实践中，必定能够创造出新世纪更加美好的未来。

第一节 科学美与技术美

一、科学美

1.科学美和科学美学

科学美是自然界本身的和谐在科学理论上的反映和显现，是人类在示"真"过程和示"真"理论成果中含蓄地表现出来的美。虽然科学美和自然美有着共同的本源，即自然界和它自身的和谐，但自然美体现的是自然界的现象美，而科学美体现的是自然界的内在美，自然现象美可以被感官直接感受，任何一个智力健全的人都可以欣赏到；而科学美却必须有一定的科学理论作基础，它不是被感官直接感知的，而是在对自然界隐蔽的内在和谐作了深入细致而独到的观察、研究之后才能体验到的。科学家运用公理、定律、公式、实验、假说等科学手段创造了科学美，它同样使人神往与迷恋，给人以美的享受。

科学美学是由自然科学和美学结合而成的新兴综合性学科。它既是理论科学的一个分支，也是美学的一个分支，是当代科学整体化趋势的产物。在20世纪自然科学的发展过程中，积累了很多关于自然科学理论的美学材料，一些著名的科学家如彭加勒、海森堡、爱因斯坦等，从各自的科学研究实践出发，极力提倡开展对自然科学理论中的审美关系研究，推动了自然科学与美学的综合趋势，促进了科学美学的形成。

一般认为，科学美学首先以科学作为自己研究的对象。科学理论是自然界的内在美在科学家头脑中反映的产物，是主观认识客观过程的结晶，因此，在科学家头脑中形成的科学理论与客观自然界的内在美就形成了一对主客观的审美关系，这是科学美学研究的第一个对象。

其次，科学家用语言、文字或者符号系统把发现了的自然界的内在规律表现为理论形态，这种理论形态就有了客观实在性。人们对于科学理论学习和理解，不仅是一种科学的认识活动，而且是一种审美活动。这样又形成了另一对主客观的审美关系，即作为审美对象的科学理论与人们对这一科学理论进行审美所产生的审美关系，这是科学美学研究的第二个对象。

上述两点仅是科学美学狭义的研究对象。即研究科学理论内在审美价值 (例如科学美所包含的理论美、公式美、实验美以及它们与人们之间的审美关系等)；而广义的科学美学研究对象，还应当包括：自然界本身的和谐与秩序，科学发展对美学研究与美学实践的影响，科学审美能力的培养及科学美教育等等。

2.科学美的构成要素

科学美的构成要素可归纳为以下三个方面：

(1) 科学美在于简明。人们通过创造性科研劳动，从纷繁杂乱的自然现象中概括出简单明了的规律性，这就是一种科学美。法国哲学家狄德罗说："算学中所谓美的问题，是指一个难于解决的问题；所谓美的解答，是指一个困难复杂问题的简易解答。"曾和爱因斯坦合著《物理学的进化》一书的波兰物理学家英费尔德曾指出，评价一个理论是不是美，标准是原理上的简单性。像爱因斯坦的质能关系式 $E=mc^2$、开普勒行星运动三定律的公式 $T^2=D^3$、普朗克的能量和频率的关系式 $E=hv$、牛顿的万有引力定律 $F=G\frac{mM}{r^2}$ 等，无一不是用极简单的公式表达了极为复杂的自然规律。

(2) 科学美在于和谐。大自然是有序而和谐的，"宇宙"一词本身就意味着有序与和谐，因而反映大自然规律的科学也应该是和谐的。科学美的和谐还包括对称、秩序、适度、节奏、多样统一等概念在内。彭加勒说："我所指的是一种内在的美，它来自各部分的和谐秩序，并能为纯粹的理论所领会。"

美国数学家维纳也说过："数学的伟大使命就是在混沌之中去发现秩序；而物理学家的目标，是要去寻找一幅图示，以使他能用一个有规律的模型去描述一个混沌的宇宙。"门捷列夫的元素周期率和元素周期表，不论从内容还是从形式上看都是对称协调的，各行各列、上下左右、联系十分巧妙、像花边图案一样，形成了一个和谐的整体。

(3) 科学美在于新奇。所谓"新奇"，就像人们观赏戏剧时的感受一样：在情理之中，又出于意料之外。例如，广义相对论把原来认为是完全独立的基本概念结合到一起，一方面是时间和空间的特性，另一方面是物质性质和运动速度的概念，从而从根本上改变了人的时空观，大大出人意料之外。

又如，数以亿计的生命信息，原来只是由 64 个密码构成，而这 64 个密码竟又是由四个字母 (四个核苷酸：胸腺嘧啶 T、腺嘌呤 A、胞嘧啶

C 和鸟嘌呤 G）通过三联体组成。四个核苷酸竟然构成了地球上绚丽多彩的生命世界，真难以想象，怎能不让人感到新奇！

总之，科学美一般是以科学理论的简明、和谐和新奇为其主要标志。有些科学家为了突出科学美的特点，常用“雅致”一词来表达，而“雅致”的基本内涵也就是简明、和谐和新奇。三者相互融合，彼此渗透，于纷繁中见协调，于多样中见统一，呈现出一种整体的美。科学美是一种客观存在，它与自然美、社会美、艺术美、技术美相比，是一种更深层次的美。科学美以科学抽象的形式反映和谐统一的自然图景，要感受和领悟它，必须具备较深厚的科学修养。

二、技术美

1.技术美学的兴起及应用

技术美学是一门研究科学技术领域里审美普遍规律的新兴学科，也称工业美学或生产美学，包括设计美学、劳动美学与商品美学，是把美学运用于设计、劳动生产和商品交换领域，使美学与技术相结合的一门交叉学科。技术美是技术美学的最高范畴，是机械技术所创造的美及其蕴含的审美价值。

技术美学是随着现代工业的兴起而产生的。最早提出技术美学思想的先驱者是 19 世纪中叶英国的工艺美术家威廉·莫里斯（1834 年~1896 年）。第二次世界大战前后，技术美学逐渐成为一门完全独立的新兴学科并且得到迅速发展。

20 世纪 60 年代以来，美国、英国、德国、法国、比利时、日本和其他一些国家都建立了技术美学的研究和实践机构。苏联也于 1962 年成立全苏技术美学研究所。1964 年，创办《技术美学》月刊和不定期的《技术美学问题》丛刊。在东欧其他国家也先后建立了技术美学委员会和各级各类的技术美学研究机构，1957 年在日内瓦成立了国际技术美学协会（即国际工业品艺术装饰协会），到目前为止，该协会已召开过十几届国际技术美学大会，另外世界上还有十几个技术美学的国际性组织。由此可见，技术美学在全世界得到了普遍重视，并在迅速发展，它已成为国际上最热门的学科之一。

20世纪80年代以来，我国的技术美学研究取得了可喜的成绩，研究数量不断增多，质量不断提高，理论探索具有一定的深度和广度，与文艺美学并驾齐驱，逐步形成了中国技术美学研究的特色。

2.技术美学的研究对象和功用

技术美学研究生产技术领域里的美学问题，也研究社会生活领域里与人的生产劳动过程和成果有关的美学问题。技术美学最早应用于工业生产，满足了人们对产品或商品包括审美在内的全面需要。目前，在建筑、交通、商业、农业、园艺、外贸、管理服务、城市建设、环境保护以及医学、军事科研等部门，都已广泛研究和运用技术美学。它的研究对象和功用可大致概括为以下两个方面。

（1）研究人类的基本实践活动。即劳动生产中的美学问题，也就是与人的劳动生产过程和成果相关的美学问题。

人是按照美的规律来改造世界的，通过生产劳动创造出符合人的审美理想的物质产品和精神产品。按照美的规律从事物质产品的生产，需要具备主观和客观两方面条件，因此，技术美学首先必须研究生产主体即劳动者在生产过程中的审美意识、审美能力，探讨如何提高审美趣味、审美水平，使劳动者更自觉地按美的规律来进行生产，以提高劳动效率和产品质量。与此同时，技术美学还必须研究生产条件的美化问题，即按照美的规律对生产条件进行设计和改造，使其适应现代化生产的需要。

实验证明，劳动条件的存在方式对人的生理和心理的影响是“同形同构”的。当劳动条件、内容及其方式吸引劳动者的时候，劳动者可以把它当作自己体力和智力活动的享受；反之，劳动者则对劳动产生厌倦和反感。设想，如果人处在脏、乱、暗、丑、震耳欲聋的环境中，使用的工具和机器是最蹩脚的，那么劳动者的积极性从何而来?劳动生产率如何得以提高?

技术美学按照人的生理和心理的一般尺度，将劳动条件和环境划分为四种类型：最舒适的、舒适的、不舒适的、不能忍受的，并对进入劳动的各种因素，比如操作时身体用力，工作时身体倾斜度、灯光照明、噪音、灰尘、空气等等都制定了相应的参照系数，进而运用功能色彩、功能音乐、景观艺术、室内环境艺术等来美化劳动环境，以满足劳动者的审美需要。

(2) 物质产品的艺术设计问题即国际上流行的“迪扎因”美学问题，是技术美学研究的一个十分重要的问题。

“迪扎因”是指“艺术设计”或“工业产品艺术设计”，它既包括广泛的艺术设计作品，又指设计师的特殊精神劳动和创作方法以及为满足社会实用、经济、美观的需要而设计创造的新型产品。不能把它简单地理解为一般工艺美术的式样设计，更不是单纯的包装、商标设计。

“迪扎因”综合着工艺师、设计师和艺术家各方面的活动，目的是为创造具有高度审美价值的产品制定出理想的、可行的设计方案。它是要把物质产品设计中的实用性、科学性、审美性完满地结合起来，并适应现代生活的需要。由此可见，“迪扎因”是现代化设计的一个相当重要环节，是新型设计不可缺少的组成部分。

3.技术美学的审美要求

技术美学研究中“艺术设计”和“工业产品艺术设计”极为重要，因此，讲技术美学的审美要求，实际上是讲对设计的审美要求。一般来讲，设计包含三种不同类型的对象：一是产品设计。以生活和生产资料的单项物品为主，如汽车、机床、电机的设计。二是建筑和环境设计。包括室内的、建筑的、厂区的、城市环境的设计。三是展示设计。以视觉、听觉、信息的传递为主要目的如商品包装、广告、橱窗、展厅的设计。这些设计的不同对象，构成社会的全部物质文化成果。也就是说，设计成了物质生产和文化创造的首要环节。

(1) 产品设计的审美要求。产品设计是工业设计的核心，产品设计必须从产品与人的需要和活动过程出发，对产品的材料、结构、形式做出统一的规划和方案。其审美要求表现为：

第一，功能要符合目的。这是技术美首要的因素，缺乏这个基本要求就不会有真正的技术美。功能符合的目的性体现了人的活动的经济原则，即以最小体力、脑力和时间消耗取得最大的使用效果。例如洗衣机既可以使洗衣过程自动化，节约了人们的洗衣时间，又保证了洗涤的质量。相反，比如照明用的台灯，如果照明的效果不好，无论它装饰如何华丽，也谈不上技术美。

第二，材料的质地感。材料既是产品的物质基础，也是产品的外部形式的决定性因素。现代产品强调材料的真实性原则，即要注重材料自身的色彩、质感、纹理的审美效果。比如：金属材料自身的质感、光泽就是美的；木材胶合板所具有的天然纹理可成为家具的自然装饰；亚麻布的色泽、纹理使它具有一种古朴、典雅的艺术趣味。因此，现代产品的制作应在精选材料方面下功夫。当然，在天然材料不足的地方，还可以采用各种人工材料，使之与天然材料浑然一体，或互为补充。这里需要注意的是，如果运用的是新材料，而设计的却是固有的与新材料不相适应的形式，那也谈不上技术美。

第三，结构和形式的功能性及式样性。产品是以实用功能为前提的，这种功能又是取决于结构的，而每一种材料都有它最佳的结构方式。比如，钢材最佳负荷状态是承受拉伸，因此，根据施工工艺方法的要求，形成的对称四周柱体的结构形式、用钢索悬挂的高层建筑以及悬索桥就表现了建筑的技术美。另一方面，由于形式和功能之间又具有一定的可分离性，即形式具有某种相对独立性，这就为克服因受功能局限致使产品缺乏审美情趣的不足提供了可能性，使结构形式在具有功能性的同时，更富有多样性，在造型上做到新型、美观、符合时代精神。

第四，产品与环境的和谐。物质产品自身具有的技术美主要是功能、材料、形式这三个方面。但任何产品都不能孤立存在，它与周围环境是有机联系在一起的。当它与周围自然景观和谐一致，才显得更加美观。比如，公共汽车是在城市环境下行驶的，它的造型为了和城市建筑相协调，一般都采用直线箱体型，就是很好的例子。与环境的协调对大型、固定的产品更具有重要意义。比如纪念性建筑、拦河大坝、桥梁等，都坐落在一定的地点，与周围的环境组合成一个整体，所以在建设时一定要考虑与周围的自然景观和谐一致，借环境的因素将建筑物烘托得更美。

(2) 环境设计的审美要求。环境设计要通过主观的创造形成情理交融、形神兼备的外在环境形象，使物的形象与人的精神融为一体，理性的认识与主观的情感结合起来，从而把环境升华为具有审美意境的空间。因此，环境意象的创造，要根据人的行为心理、环境的功能、科技文化发展的趋向以及地方文化传统等多种因素来进行。下面着重讲一下劳动环境的审美要求。

劳动过程中最重要的审美因素，包括人与工具、设备、劳动环境的协调及工作的节奏韵律问题。

首先，秩序可以激发人的美感，从而引起人的兴趣和提高情绪状态，有利于工作潜力的发挥以及心理疲劳的减轻。英国学者科尔米克曾从五个方面提出有助于增加秩序感的排列原则，即：功能性原则、重要性原则、最佳排列原则、循序渐进原则以及适度原则，上述这些方面综合起来运用，便能增强工作场所或操作台面的秩序感。

其次，重复性大的工作容易产生单调感，在分工过细的流水线上，单调的操作往往引起心理的疲劳，而且会对产品失去整体的感受，因此需要不断调整生产分工，适当安排节奏和间隔，从而充实劳动内容。

再次，工作地点和各种因素应当适应人体的结构及卫生要求，同时具有高度的审美性能。不适当的工作姿势容易引起生理疲劳，使身体变形，并因此而降低工作效率，所以工作地点的安排，应该保障工作时具有舒适的姿势，完成经济、简洁、平衡和有节奏的动作。

最后，厂区环境的绿化对于创造劳动环境的美具有重要作用。工作环境如果肮脏和丑陋不堪，就会影响工作人员的劳动积极性和工作效率。相反，厂区环境优美，花草树木四季常青，会使人感到如同置身于花园之中，它无疑将激起劳动者对生活和工作的热爱，从而积极投身于新生活的创造之中。因此，劳动环境的美既直接关系到每个人的切身利益，同时也对企业的经济效益产生积极的影响。

(3) 展示设计的审美要求。展示设计是技术美极为关心的问题。展示设计包括装潢设计、广告设计、标志设计等诸多内容，这里重点谈谈商品装潢设计和广告设计中的审美要求。

第一，商品装潢设计的审美要求。

一是商品的审美价值必须与功利价值相统一。商品的装潢设计必须与其实用价值相统一，商品造型与包装装潢设计，应与商品的质量情形相合。高档商品应用高档的包装形式，如果太简陋，反而使人缺乏贵重感，对商品的高质量失去信心，或者产生怀疑。比如名贵的高质量的服装，就不宜用那种简陋的塑料口袋来包装，不然就失去其名贵和高级感。当然更要反对以华丽的形式来欺骗和坑害顾客的行为。

二是商品的审美因素必须符合消费者的心理。例如，某类商品的商标和牌子应该与顾客对该类商品的需求和习惯心理相一致。不要采用那些与某种商品毫无关系的或者根本没有特色、没有审美吸引力的名称和商标作为装潢设计的对象。人们习惯把药品和长寿、食品和健康、文具和知识、灯具和光明相联系，这种审美心理理所当然地应该得到满足。

三是商品设计应最大限度地适应消费者的审美心理。特别是有明确销售方向的商品，必须考虑专门方向上那些国家和民族特有的审美心理。比如，东南亚一带的国家喜欢“象”的图案，而在英国却把象看作“大而无用”的象征，如此等等。

四是商品的装潢设计必须推陈出新，注意流行性，还要适应未来流行的审美需要。当国外出现“熊猫热”时，我国的很多商品因以熊猫及其有关图案作为装潢设计的对象而大受欢迎，这不是没有道理的。

总之，商品的造型、包装、装潢的审美设计，要充分利用各种艺术形式、技巧、手段，用符合实际的优美形式，首先吸引消费者注意，使他们产生兴趣，激起购买商品的欲望，使美好的印象牢固地刻入记忆，导致购买商品的行为。把“注意”“兴趣”“欲望”“记忆”“行为”这五个英文的第一个字母集中起来，是商品销售学中的“AI DMA”原则。这也是商品审美的原则。商品装潢设计的审美要求就是要发挥“AI DMA”原则中的美学功能，以此来刺激和诱导消费者的消费愿望和购买要求。

第二，广告设计的审美要求。

广告的形式很多，有口头叫卖、实物陈卖、文字说明、音响配乐、店面招牌、橱窗布置、大型招贴、广播、电视、报纸杂志、幻灯、霓虹灯等，它们都带有审美性质。在促进生产、扩大流通、指导消费、活跃经济等方面广告都起着积极和重要作用。

广告设计应尽可能利用文学艺术的成果，使构图悦目，文字优美，色彩、线条、形态都显得和谐美观。同时又运用音乐、戏剧、电影、舞蹈所创造的艺术形象，恰当配合烘托广告的思想内容，让人陶醉神往，使人产生一种去寻找适合于自己需要的商品的强烈愿望。

广告设计有的具有暗示性，有的具有兴趣性，有的采用启发性，有的采用提问式，表现手法可以千变万化，但有一点是相同的，就是突出宣传主体，从而唤起人们对商品需求的兴趣、感情、好奇、求知，使人们的利益、愿望、要求与商品实际特点、长处相统一。

当然，广告设计也有一定的局限性，它一般只介绍商品的优点，而不介绍商品的缺点，容易夸大或失实，因此在运用审美手段时要注意真实性，符合商品实际，不要言过其实，致使商品的信誉受到损害。

通过上述对装潢设计及广告设计的审美分析可以得知，展示设计在创造新颖独特的审美形象时，应注意这样几个问题：一是要注意审美创造的真实性。“真实性”是展示设计审美创造的前提和基础。二是审美创造要充分体现人们审美需要和审美趣味的变化，富有时代气息。从展示设计内容到手段和方式都应随之而发生变化。三是在注意体现时代气息的同时，不可忽视民族风格。最后，展示设计还应当具有动人、易识、易记的特点，以最少的时间获得最大的信息量。这是展示设计的直觉审美效应问题。在瞬间的观照中，给主体留下极为鲜明的深刻印象，这是展示设计所要解决的关键问题。

第二节　运用科学技术创造美的未来

一、科学技术的发展促进了美的创造

科学技术是推动美的创造的决定性因素，也是人的审美能力发展的决定性因素。现代科学技术的飞速发展，特别是以微电子技术、生物遗传工程、海洋工程和宇宙开发技术为中心的世界性的新技术革命广泛兴起，对人们的审美活动产生了更为广泛而深刻的影响。

1.现代科学技术的发展开拓了审美活动的新领域

随着科学技术日新月异的发展，各种新技术、新材料、新工艺、新能源广泛地用于各个生产领域，使人类的创造才能得以更充分的发挥，人类控制和改造自然也取得了更大自由。

例如，人类发明了高倍数的天文望远镜以来，人们对宇宙及其运行规律有了更科学、更本质的认识，同时对宇宙这一客体的审美感受也大大地扩展了。我们借助于望远镜，看到了那么多巨大的星云呈现着奇美的螺旋形，看到了瑰丽的双星那迷人的、协调统一的色彩组合，看到了卫星绕着行星运转、行星绕着太阳运转等一层层井然有序、和谐壮美的景象，还看到了遥远的银河系具有十分美丽的旋涡状轮廓。

人们借助于显微镜，在微观世界里同样看到了那令人惊叹的奇妙的景象：场——离子的原子排列如灿烂的繁星一样美，从基态到激发态的电子图案如民间的织锦一样美，脱氧核糖核酸（DNA）的双螺旋柔和流畅，各种晶体的结构精巧美妙……

人类还运用最先进的科学技术，成功地制造并向太空发射了人造卫星、宇宙飞船，这是人的本质力量的光辉显现，也使人类的审美范围得以大大扩展。

不仅如此，当世界格局正在冒着火药味的空气中发生改变的时候，法国一群有“良心”的年轻化学家们，潜心研究用植物提炼柴油和汽油获得成功，这些产品不含一点有毒成分，可用于燃料、油漆、化妆……他们充满信心地告之世人，将来开汽车可以不用石油，环境不再因此而受到污染，同时因需大量植物可使大量农民重返土地。而今他们还正在研究不需农药和化肥的植物，希望通过改变植物基因，使植物内部发生变化……

这都给我们展示了一个无限光明美好的未来。我们可以肯定地说，科学技术的广泛运用必将为人类创造一个和平、温馨、洁净、光明的环境，开拓出一个鲜活的审美活动的领域。

2.现代科学技术的发展为艺术美的创造提供了新的手段

现代科学技术的发展，促使艺术的物质表现手段和传播工具不断革新，对艺术的发展也产生了深远的影响。在戏剧舞台上，用激光技术和舞台艺术相结合的方法，将人们带进了一种如梦似幻的境界，产生了强烈的艺术魅力。最令人瞩目的是计算机艺术的兴起。

40多年前，当科学家们发明第一台电子计算机的时候，目的是用于算数解方程，几十年后它不仅驰骋于工业、商业、医学、行政管理、科学研究中，同时统揽着计算造表、数据处理、自动控制等大权，而且又进入人类的艺术王国。

如今，计算机所谱的乐曲已经奏出优美乐章，所设计的舞蹈已在观众面前翩翩起舞，所制作的动画已出现在千家万户的电视屏幕上，所创造的乐器声响已令第一流的交响乐指挥为之着迷，所创作的小说已成了令人倾倒的畅销书……我们相信现代科学技术的飞速发展必将使科学技术和艺术美成为一对新世纪的孪生兄弟。

3.现代科学技术的发展为自然美、社会美增添了新的内容

通常所说的自然美，一般包含两个方面：一是指不依赖于加工、改造的自然现象和自然事物的美；二是指通过人类的实践活动，不同程度地改变了自然物形态和性质所呈现的美。现代科学技术的发展，为人类控制自然、改造自然和利用自然开辟了宽广的道路。

我国修建的长江三峡水利枢纽工程，使本来风光绮丽的长江三峡的自然景色锦上添花。内蒙古腾格里沙漠大面积飞播牧草获得成功，使这片原来“天上鸟飞绝，地上无人烟”的不毛之地奇迹般地成为绿草如茵的草场。

此外，沧海变桑田，荒山披绿装，滔滔浊流化为片片碧波，猛兽被驯养，植物品种的人工变异等等，这一切无不打上了“人化”的印记。自然界这种种变化，正是人类运用科学技术进行改造所取得的积极成果。

在许多国家，人们还进行着一项项改变人类观念的试验：在巴黎的巴克赛小城，一家高科技公司出资在小城内停放一种电动汽车，城里每一个居民都有一种信用卡，可以开动任何一辆，用完后弃之路边，其他人可以

发动就走。这样可以改变每个人必须拥有私车的观念。同时，汽车使用率提高了，停车位空了出来，街上显得空旷了，交通堵塞减少了……此项试验正在全法国推广。随着现代科学技术的发展，不仅使人类改造自然的能力大大增强，自然界的面貌将发生更大、更快的变化。

总之，科技革命引起了人们种种观念的变化，促使美学必须善于预测未来，而不能只停留在积累过去和观察现在。

二、科学美、技术美推动着时代的进步

1.科学美、技术美对社会发展的推动作用

科学美可以指引自然科学家探求科学真理，即所谓“以美引真”“以美启真”。科学美透露着科学内部安全检查层的重要信息，它是树立在探索前进的科学家面前的一个不容忽视的路标。科学史上许多富有才华的自然科学家都懂得科学研究中的美感是寻求科学真理的向导。

例如，20世纪初期伟大的数学家、理论物理学家韦尔在他的《空间·时间·物质》一书中，曾经提出过一种引力规范理论，这种理论在当时缺乏实验事实的支持。但韦尔觉得，这种引力理论虽然不真，然而却很美，为了美的缘故而把它保留了下来。几十年后，科学家杨振宁的进一步研究工作终于使规范场理论得到了证实而重放异彩。

对科学并不精通的人有时也能凭借对科学美的直觉而在实际中不知所以然地运用科学真理。例如，美国发明家富兰克林依据尖端放电原理发明了避雷针 (尖头)，后传入英国。对电学一窍不通的英王乔治三世不能容忍这个曾参与领导推翻英殖民统治斗争的富兰克林的发明原封不动地搬进英国，于是他依据球形是最完美的线形体的观念，断言避雷针顶端必须装一个圆球，并下令在英国使用。结果美国的避雷针是尖头，而英国的避雷针却带有金属的圆球，一直延续至今。

不久前，美国的一位物理学家查理·摩尔在经过16年实验后提出：

具有圆球装置的避雷针其效果要比尖头的高出一倍！这个深层科学真理，作为当时第一流的电子学家富兰克林毫无觉察，而对电子一窍不通的乔治三世却靠美的灵感而不知不觉接受了它曲折的折光。因此，美学不但可以指导艺术创作，同样也可以指导科学研究。

技术美在生产生活中也被广泛应用。据国外某些试验得出的统计数字表明，在同样条件下，如果将环境按照技术美学的原则加以科学的改善，可以明显看出产品的质量有所提高，废次品大量减少，产量大幅度增长。

例如，工厂车间的门窗安置适宜而且明净漂亮，可以提高劳动效率5%~15%；照明设备符合标准而且美观，可以提高劳动效率 10%~30%；车间内外环境以及机器、工具涂上适当的色彩并注意层次变化，可以提高劳动效率 2%~10%；把噪音减少到最低程度，或在生产中运用科学的音乐调节，可使劳动效率提高 6%~14%。

产品造型是否美观，能否引起消费者的美感，也已成为国际市场竞争成败的关键因素之一。美国的派克钢笔，最初的笔杆是圆筒形状的，体态笨重，销路不畅；1932 年，派克笔厂请纽约市的一位艺术家设计了箭形笔尖和赛璐珞嵌花笔杆，使派克笔立即风行市场；1939 年，他们又设计了一种外形似无翼飞机的派克 51 型钢笔，由于式样新颖，使用舒适，深受消费者的欢迎。后来，他们又设计了各种款式的钢笔，造型上不断创新，声誉经久不衰。

1986 年在亚洲之星包装评比会上，我国获奖作品贵州茅台酒礼品包装和西汉古酒包装都是以其独特、浓郁的古风摘取桂冠的。贵州茅台酒礼品包装内放一个古酒杯，顿时一种古气古境呈现在人们面前。西汉古酒包装也是以其浓厚的文化审美意识，极尽古态，令中外客商赞叹不已。这充分说明了审美功能的重要性。

相反，前些年，我国市场上有许多积压的气压式暖水瓶，因它的装饰画面不能适应现代人的审美要求而受冷落积压，连使用价值都无法实现。因此我们生产的各种产品只有既注意“内质量”，又注意“外质量”，做到实用与美观相结合，才能受到广大消费者的欢迎，在市场上才有竞争力。

2.立足现实，面向未来

目前，我国正处在社会主义初级阶段，抓住机遇，深化改革，加快发展，建设富强、民主、文明、和谐的社会主义现代化国家，是全国各族人民的共同理想，也是中华民族伟大复兴的中国梦的希望所在。“科学技术是第一生产力”的观点，不仅为改革开放的实践证明是正确的，而且是建设社会主义市场经济的强力支撑点。

在现代化建设的主战场，科学技术的发展推动了经济的突飞猛进，大批科研成果转化为现实生产力增强了经济发展的后劲。同时，科学技术的进步也直接或间接地影响着人们对自然、社会、艺术美的认识，使美的内涵具有泛美的特征，外延也从绘画、音乐、舞蹈、小说、诗歌等核心范围扩展到包装、广告、光纤通信、生物工程、化学燃料的生产以及自然环境和社会环境的改善等边缘领域。这就是说科学技术与美学的关系越来越密切，正像法国作家福楼拜所说过的：“越往前进，艺术(美学) 越要科学化，同时科学也要艺术 (美学) 化。两者从底基分手，回头又在塔尖结合。”

一句话，美与科学技术已经在各个领域不可推辞地挽起手来。肩负着建设世纪重任的青年一代，应当刻苦学习，奋发向上，努力掌握现代科学文化知识和美学知识，培养创造美的能力，投身创造美的实践之中，运用先进的科学技术和自己灵巧的双手，去创造伟大祖国光辉灿烂的美好未来。

复习思考题

1.什么是科学美？科学美的构成要素有哪些？

2.什么是技术美学？技术美学的研究对象和功用是什么？

3.为什么说科学技术的发展促进了美的创造？

4.为什么说科学美、技术美推动着时代的进步？

后 记

再版《美育教程》，是为贯彻落实国务院办公厅《关于全面加强和改进学校美育工作的意见》，满足学校美育教学之需要。本教材2001年根据有关院校的要求，稍加修改，由山西人民出版社出版发行。不少学校试用了本教材，效果很好，同时，有许多教师提出了一些中肯的修改意见，为本书的进一步修订提供了有利条件，使本书得以在山西经济出版社再版发行。我们表示衷心感谢。

尽管我们在修订过程中费了很多工夫，付出了很大努力，但由于水平、知识面等多方面原因，疏漏和错误仍在所难免，诚恳希望广大师生批评指正。

作者

2015年10月

旅游景点·摄影艺术

云岗石窟

华严宝塔

娘子关

八路军纪念馆

壶口冰凌

雁门关

双塔寺

应县木塔

老牛湾

悬空寺

普救寺

皇城相府

本页照片均为柴天禄摄影